技工院校计算机专业一体化教学学材

办公文稿制作

主　编　苏炳银　苏　娟　李月杰
副主编　李婵娟　廖翠玲　李小丹
　　　　杨春丽　王咏华

吉林大学出版社

·长春·

图书在版编目（CIP）数据

办公文稿制作 / 苏炳银，苏娟，李月杰主编. -- 长春：吉林大学出版社，2021.10
ISBN 978-7-5692-9165-0

Ⅰ．①办… Ⅱ．①苏… ②苏… ③李… Ⅲ．①汉字－应用文－写作－技工学校－教材 Ⅳ．①H152.3

中国版本图书馆CIP数据核字(2021)第211962号

书　　名	办公文稿制作
	BANGONG WENGAO ZHIZUO
作　　者	苏炳银　苏娟　李月杰　主编
策划编辑	王蕾
责任编辑	王蕾
责任校对	柳燕
装帧设计	胡广兴
出版发行	吉林大学出版社
社　　址	长春市人民大街4059号
邮政编码	130021
发行电话	0431-89580028/29/21
网　　址	http://www.jlup.com.cn
电子邮箱	jdcbs@jlu.edu.cn
印　　刷	北京荣玉印刷有限公司
开　　本	787mm×1092mm　1/16
印　　张	10.75
字　　数	225千字
版　　次	2021年10月　第1版
印　　次	2021年10月　第1次
书　　号	ISBN 978-7-5692-9165-0
定　　价	45.00元

版权所有　翻印必究

办公文稿制作
编 委 会

主　编　苏炳银　苏　娟　李月杰
副主编　李婵娟　廖翠玲　李小丹
　　　　杨春丽　王咏华
参　编　韦力丹　刘　琪　陈锦雄

前　　言

技工教育是职业教育的重要组成部分，也是系统培养技能人才的重要途径。多年来技工院校始终紧紧围绕国家经济发展和劳动者就业，以满足经济发展和企业对技术工人的需求为办学宗旨，既注重包括专业技能在内的综合职业能力的培养，也强调精益求精的工匠精神的培育，为国家培养了大批生产一线技能劳动者和后备高技能人才。

为了进一步发挥技工院校在技能人才培养中的基础作用，切实提高培养质量，我校借鉴国内外职业教育先进经验，在校内逐步开展一体化课程教学改革试点工作，推进以职业活动为导向，以校企合作为基础，以综合职业能力培养为核心，理论教学与技能操作融会贯通的一体化课程教学改革。这项改革试点将传统的以学历为基础的职业教育转变为以职业技能为基础的职业能力教育，促进了职业教育从知识教育向能力培养转变，努力将"教、学、做"融为一体，收到了积极成效，改革获得了我校师生的充分认可。他们普遍反映一体化课程教学改革是我校的一次"教学革命"，学生的学习热情、综合素质和教学组织形式、教学手段都发生了根本性的转变。

教学改革的成功最终要以教材为载体进行体现和传播。我校计算机专业的骨干教师把在试点中形成的课程成果进行了整理、提炼，汇编成"活页"教材。希望教材在使用、修改完善后能进一步推动我校一体化教学改革进程，促进学校发展，提升办学质量，为加快培养合格的技能人才做出更大的贡献。

广西电子高级技工学校电子信息工程系

教材编写组

2020 年 8 月

目 录

学习任务一 简单文稿录入与排版 ································· 1

    学习活动一　明确任务和知识准备 ································· 2
    学习活动二　制订计划 ································· 27
    学习活动三　实施作业 ································· 29
    学习活动四　质量检查及验收 ································· 32

学习任务二 企业采购方案 ································· 35

    学习活动一　明确任务和知识准备 ································· 36
    学习活动二　制订计划 ································· 54
    学习活动三　实施作业 ································· 59
    学习活动四　质量检查与验收 ································· 61

学习任务三 企业固定资产台账录入与排版 ································· 65

    学习活动一　明确任务和知识准备 ································· 66
    学习活动二　制订计划 ································· 87
    学习活动三　实施作业 ································· 90
    学习活动四　质量检查与验收 ································· 92

学习任务四 产品进货单统计与分析 ································· 95

    学习活动一　明确任务和知识准备 ································· 96
    学习活动二　制订计划 ································· 116
    学习活动三　实施作业 ································· 119
    学习活动四　质量检查与验收 ································· 121

学习任务五 产品宣传演示文稿制作 ································· 124

    学习活动一　明确任务和知识准备 ································· 125
    学习活动二　制订计划 ································· 137

办公文稿制作

  学习活动三 实施作业 …………………………………………………… 140
  学习活动四 质量检查与验收 …………………………………………… 142

学习任务六 企业宣传文稿制作 ……………………………………………… 146
  学习活动一 明确任务和知识准备 ……………………………………… 147
  学习活动二 制订计划 …………………………………………………… 155
  学习活动三 实施作业 …………………………………………………… 157
  学习活动四 质量检查与验收 …………………………………………… 160

学习任务一　简单文稿录入与排版

【任务目标】

1. 能通过与客户和业务主管等相关人员的专业沟通明确工作任务，并准确概括、复述任务内容及要求。
2. 能合理制订工作计划。
3. 能描述 Word 2010 软件功能和操作界面各部分的作用。
4. 能使用 Word 2010 编辑文档，制作公文稿。
5. 能搜集整理资料并规范、准确地完成文稿的录入。
6. 能完成文字格式设置、段落格式设置、页面设置及打印等操作。
7. 能参照相关标准、规范对文稿进行审核、校对。
8. 能填写工作日志，并完成质量检查及验收。

【建议学时】

24 学时

【工作情景描述】

　　公司例会是指公司内部依据约定的惯例每隔一定期限举行一次的会议，最常见的是办公会，主要是为了实现有效管理，促进公司上下的沟通与合作，提高公司各部门执行工作目标的效率，追踪各部门工作进度。集思广益，提出改进性及开展性的工作方案。协调各部门的工作方法、工作进度、人员及设备的调配。

　　公司例会可以分为周工作例会、月工作例会和季工作例会。不同的公司有不同的会议管理制度，例如某公司总经理为了有效管理公司，了解各个部门每周的运营情况，以及各个部门能有效地衔接工作，决定每周五 16 点至 17 点在公司会议厅召开例会。你是该公司总经理办公室的一名职员，办公室主任给你下发一个任务：按规定应在公司办公系统中发布定期召开公司例会通知，现在要求你在 Word 2010 中编写《定期召开公司例会通知》，并符合公司文件写作版式要求。通知内容要点如下。

　　会议目的：为使我公司各部门工作顺利开展，并且保证各部门之间能够衔接顺畅，有效地提高工作效率。

会议时间：每周五16：00—17：00。
会议地点：公司会议室。
参会人员：公司全体员工。
例会内容：各部门员工本周工作总结及下周工作计划，需协调待解决的工作。
会议要求：不能迟到，无故不得缺席会议，如有事情需要请假，执行公司请假制度。
通知对象：公司全体员工。
发布人：×××公司办公室。

公司办公室职员从业务主管处领取任务单，与业务主管进行沟通；根据任务单要求录入信息，设置格式；校对信息与格式无误后，交付业务主管确认，根据业务主管的反馈意见修改文稿；工作完成后整理现场，填写工作日志，并提交业务主管。

【工作流程与活动】

学习活动一　明确任务和知识准备
学习活动二　制订计划
学习活动三　实施作业
学习活动四　质量检查及验收

学习活动一　明确任务和知识准备

【活动目标】

1. 能通过与客户和业务主管等相关人员的专业沟通明确工作任务，并准确概括、复述任务内容及要求。
2. 能描述Word 2010软件功能和操作界面各部分的作用。
3. 能使用Word 2010对文件进行打开、关闭、保存、加密等基本操作。
4. 能灵活运用Word 2010文档编辑方法对文本进行编辑操作。
5. 能完成Word 2010文档文字格式设置。
6. 能完成Word 2010文档段落格式设置。
7. 能完成Word 2010文档页面设置及打印设置。

【建议学时】

14学时

【学习过程】

一、明确工作任务

1. 根据工作情境描述，模拟实际场景进行沟通交流，写出本任务客户需求的要点。

2. 制作公文稿类文档编辑工作，通常采用文字处理软件来完成，最为常用的文字处理软件是微软公司出品的 Office 系列办公软件中的 Word。查阅资料，简要说明 Word 的常用版本和主要功能。

二、认识 Word 2010 操作界面

启动 Word 2010 后，操作界面如图 1-1 所示，根据图示在表 1-1 中填写各个区域对应的名称和作用。

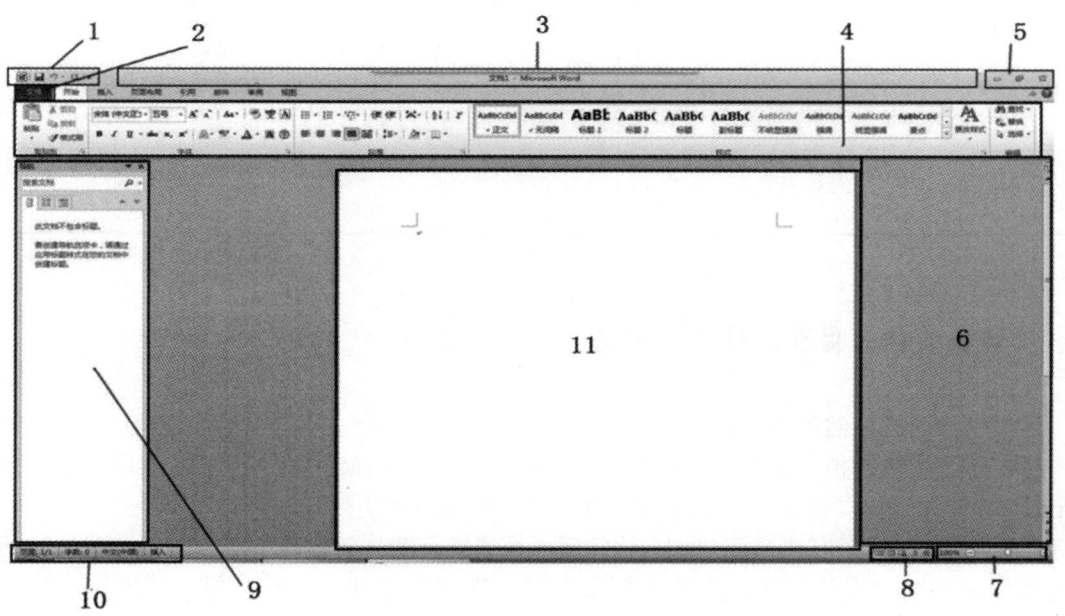

图 1-1　Word 2010 操作界面

表1-1　各个区域对应的名称和作用

区域	名称	作用
1		
2		
3		
4		
5		
6		
7		
8		
9		
10		
11		

三、文档的新建、保存、打开、关闭

回答引导问题，然后完成如下操作任务。

新建一个空白文档，命名为"我的第一文档"，并保存在 D 盘目录下，然后关闭，并将 Word 2010 软件退出。再选择一种文件打开方式，重新将该文件打开。

1．一般情况下，启动 Word 2010 软件后，系统就会默认新建一个空白文档。此外，还可通过界面左上角"文件"菜单中的各项命令对文件进行新建、打开、保存等操作，如下图 1-2 所示。

学习任务一　简单文稿录入与排版

图 1-2　"文件"菜单中的各项命令

（1）对于文件的新建，菜单中除了空白文档，还提供了各种模板，尝试用不同的模板新建文档，写出自己对 Word 2010 提供模板的理解。

（2）扩展名相当于文件的身份证，有了扩展名就能知道它是哪一类文件、需要用什么方式来打开，而且系统要正确识别文件及扩展名。执行"打开"命令，可以发现 Word 2010 软件可以打开多种文件格式的文档（如图 1-3 所示），简要写出 Word 2010 可打开并编辑的常见格式类型及其扩展名，并说明 Word 2010 默认文档格式的扩展名是什么。

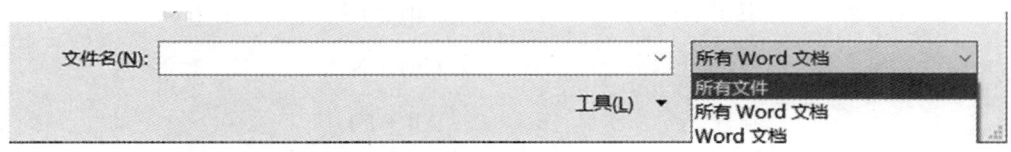

图 1-3　多种可打开文件格式的文档

（3）文档编辑好后，易通过保存操作存储到硬盘中，否则一旦关机或断电就会造成文件丢失。菜单中提供了"保存"和"另存为"两个与文件保存相关的命令，尝试操作，简要写

5

出它们的功能区别。

（4）"文件"菜单中"关闭"和"退出"命令的区别是什么？尝试操作然后写出答案。

2．除通过"文件"菜单进行操作外，还可以通过多种方式更便捷地实现以上功能。如新建文件，还可通过在桌面或任意文件夹工作区域中单击右键打开的快捷菜单来完成。写出各种新建文件方式的具体操作过程。

3．保存、关闭命令也可通过 Word 2010 操作界面中的快捷键完成。在软件界面中找到这些按键，并尝试操作。写出"文件"菜单中的"关闭""退出"命令，以及"退出"按键和"关闭"按键之间功能上的区别。

4．Office 系列软件中还提供了丰富的快捷键设置，可以方便地完成各种常用操作，尤其是对于保存操作，编辑文档过程中养成经常通过快捷键对文档进行保存的习惯，既不干扰文档编辑工作的进行，又能及时存储文档，避免因断电、死机等意外事件发生而导致工作前功尽弃。如图 1-4 所示，列出了文件操作相关的几个常用快捷键，尝试操作，将命令与对应的快捷键用线连接起来。

打开	Ctrl + S
保存	Ctrl + O
退出	Ctrl + F4
关闭	Ctrl + N
新建	Alt + F4

图 1-4　命令与对应的快捷键连线

查阅工具书或查询互联网，了解一下常用的快捷键还有哪些，记录下来，并应用在实际操作中。

【小提示】

Office 系列软件的快捷键大多是通用的，除了 Word 外，在后面学习的 Excel、PowerPoint 等软件中通常也适用。

四、文档的加密

在日常工作中，为避免无关人员查看涉及机密的文件，需要以加密的方式对文档进行保存。简要写出为文档加密的方法，并完成以下操作练习。

将"我的第一文档"文件加密，密码为：123456，然后关闭文档，再重新打开，观察加密后文档的打开方式。

五、文档录入与编辑

回答引导问题，然后完成如下操作任务。

1. 在打开的"我的第一文档"文件中，选择一种输入法，录入如下【案例】中的文字信息，并统计录入的字数及正确率。操作中注意采用复制、粘贴等方式提高操作效率。

2. 录入完成后,将"电脑"二字批量替换成"计算机"。

【案例】

怎样预防电脑病毒

电脑病毒有许多种类,大体上可分为源码病毒、外壳病毒、操作系统病毒等几类,例如,大麻病毒就是一种操作系统病毒。

电脑病毒能够像生物病毒一样,在许多电脑之间传播,危害极大。病毒可以通过电脑软件盘、网络传播,使电脑"生病"。

当电脑出现异常时,我们应先确认它是否有病毒。如果系统不认硬盘,应从软盘启动,然后再利用杀毒软件来检查并清除病毒。病毒对电脑系统造成的破坏是很大的,而且被破坏的部分是很难恢复甚至是不可恢复的;一些电脑病毒隐蔽性较强不易被发现,还有一部分病毒即使被发现也不易被清除;而且一些新的病毒又不断出现。因此,我们必须通过严密的措施防止电脑病毒的侵入,具体措施如下。

要防止"病从口入",在使用任何磁盘时都要事先用杀毒软件检查是否带毒。

安装防病毒卡。

严禁任何人员使用其他外来拷贝盘,不使用盗版软件,特别是不得用盗版软件盘玩电脑游戏。

对于系统文件,如 DOS 等各种文件,以及所有需要保护的数据文件,如自己录入好的文章等都要做好备份以进行保存。

将有关文件和数据加密保护,在需要时再对其进行解密。

对一些文件和子目录进行加密,或将其属性改为只读或隐含。

电脑系统感染病毒后,可利用一定的防毒硬件和软件进行清除。

硬件清除法是通过硬件方式来实现杀毒的。对于非电脑专业人员该方法是一种较好的选择。我国的反病毒产品主要是以反病毒卡为代表的辅助硬件产品。如华能反病毒卡、智能病毒防护卡和瑞星防病毒卡等。

软件清除法是利用一定的杀毒软件清除程序中存留的有害的病毒程序,如金山公司的金山毒霸、江民公司的 KV3000 等都是很好的杀毒软件。

2020 年 9 月 6 日

(1)计算机键盘上只有英文字母、数字和一些符号,无法直接录入汉字,这时就需要借助汉字输入法来完成。汉字输入法的基本功能就是根据汉字的音、形、义等要素使用键盘上的字符为汉字编码,使用户通过键入相应编码实现对应汉字的输入。常用的编码方法主要有按读音编码和按字形编码两大类。观察下面列出的图标标志,查阅资料,写出它属于哪种汉字输入法,是按什么方式进行编码的,填入表 1-2。

表1-2 各种输入法与其主要编码方法

输入法图标	输入法名称	主要编码方法
（搜狗图标）		
（QQ图标）		
（万能图标）		
（拼音图标）		
（极品五笔图标）		
（铅笔图标）		
（五图标）		

（2）使用计算机编辑文档，可以根据需要随时对文字进行复制、粘贴、移动、删除等操作，大大地提高了工作效率。

①对于复制和移动（剪切）操作，首先选中需要编辑的文字，然后在其上面单击右键，在弹出的快捷菜单中即可找到相应命令。在选择任意字符操作的基础上，Word 2010 还提供了对整行、整段、全文进行选择的快捷操作方式。查询资料，并在软件中尝试，将操作方法简要填入下表1-3。

表 1-3　操作方法简要

图示	选择文字方法	操作方法
电脑病毒有许多种类，大体上可分为源码病毒、外壳病毒、操作系统病毒等几类，例如，大麻病毒就是一种操作系统病毒	选择多个连续字符	
电脑病毒有许多种类，大体上可分为源码病毒、外壳病毒、操作系统病毒等几类，例如，大麻病毒就是一种操作系统病毒	选择整行	
安装防病毒卡。 严禁任何人员使用其他外来拷贝盘，不使用盗版软件，特别是不得用盗版软件盘玩电脑游戏。 对于系统文件，如 DOS 等各种文件，以及所有需要保护的数据文件，如自己录入好的文章等都要做好备份以进行保存。 将有关文件和数据加密保护，在需要时再对其进行解密。 对一些文件和子目录进行加密，或将其属性改为只读或隐含。 电脑系统感染病毒后，可利用一定的防毒硬件和软件进行清除	选择整段	
怎样预防电脑病毒 电脑病毒有许多种类，大体上可分为源码病毒、外壳病毒、操作系统病毒等几类，例如，大麻病毒就是一种操作系统病毒。 电脑病毒能够像生物病毒一样，在许多电脑之间传播，危害极大。病毒可以通过电脑软件盘、网络传播，使电脑"生病"。 当电脑出现异常时，我们应先确认它是否有病毒。如果系统不认硬盘，应从软盘启动，然后再利用杀毒软件来检查并清除病毒。病毒对电脑系统造成的破坏是很大的，而且被破坏的部分是很难恢复甚至是不可恢复的；一些电脑病毒隐蔽性较强不易被发现，还有一部分病毒即使被发现也不易被清除；而且一些新的病毒又不断出现。因此，我们必须通过严密的措施防止电脑病毒的侵入，具体措施如下。 要防止"病从口入"，在使用任何磁盘时都要事先用杀毒软件检查是否带毒。 安装防病毒卡。 严禁任何人员使用其他外来拷贝盘，不使用盗版软件，特别是不得用盗版软件盘玩电脑游戏	选择全文	

②对选中文本执行复制或剪切操作后，将光标移到待插入处，单击右键，在弹出的快捷菜单中选择相应的粘贴命令即可完成粘贴操作。Word 2010 提供了多种粘贴方式，如图 1-5

所示，查阅资料并在软件中尝试操作，写出三种粘贴方式的区别。

图 1-5　多种粘贴方式

③除了右键快捷菜单外，还可以通过快捷键更方便地完成这些操作，在软件中尝试后，将命令与其对应的快捷键用线连接起来（图 1-6）。

剪切	Ctrl + V
删除	Ctrl + C
粘贴	Ctrl +X
查找	Ctrl + F
替换	Ctrl+ H
复制	Delete

图 1-6　将命令与其对应的快捷键连线

3．进行文字录入时，有时会遇到一些通过键盘操作无法直接录入的字符，例如"◎""※""★""®"等，尝试在 Word 文档中插入以上字符，并总结字符插入方法，记录下来。

4．进行文字录入时，有时会需要录入系统当前的日期和时间，除自行手动录入外，Word 2010 软件还提供了快速输入的方法。查阅资料，简要说明操作方法。

5．在 Word 2010 中，提供了对文档字数进行统计的功能，简要写出其操作方法，并对比统计结果中各项数据的含义。

6．按要求完成文档录入，用 Word 2010 统计这段文字的字数，记录下来，并对文字进行校对，按照"正确率=正确字数/总字数"这一公式计算录入文字的正确率。

7．在文档编辑过程中，有时需要在大量文字中找到某段特定的文字，有时需要将某些文字统一替换为另外的内容，这时，利用 Word 2010 中的"查找和替换"功能就可以便捷地完成。简要写出"查找和替换"功能的菜单路径（如图 1-7 所示），并写出对应的快捷键。

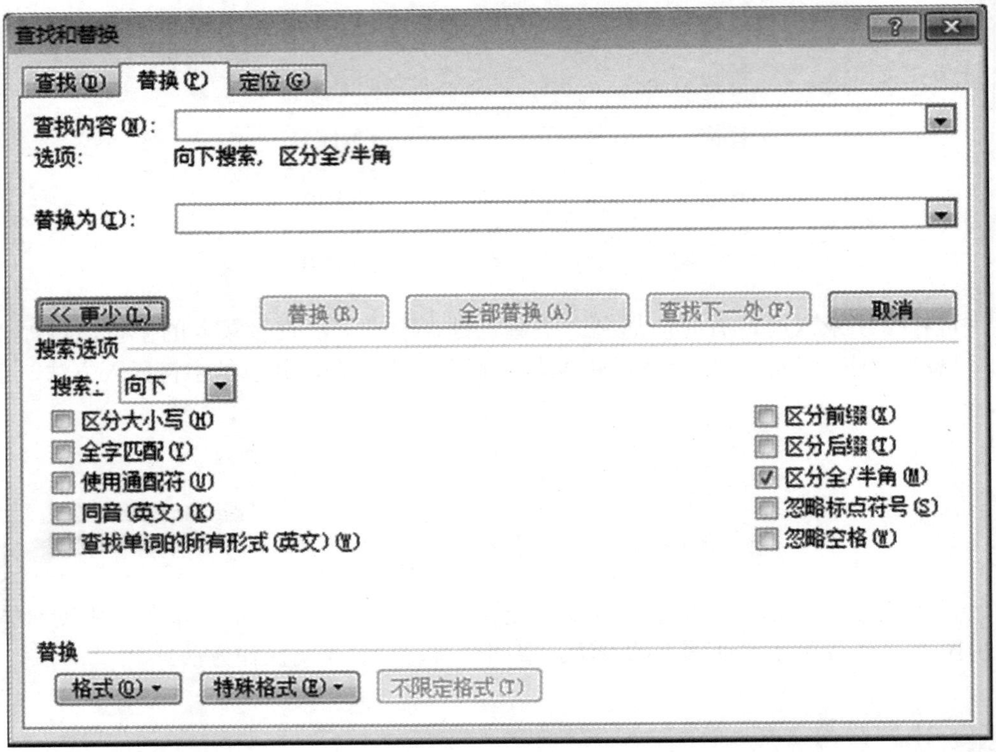

图 1-7　"查找和替换"功能

8. 除了逐一替换具体的文字外，Word 2010 还支持使用通配符，即使用"*"或"？"代替任意字符进行模糊查找。查阅资料并在软件中尝试，简要说明"*"和"？"两个通配符的功能差别。

六、格式设置

回答引导问题，然后完成如下操作任务。

打开"我的第一文档"文件，对文件内容进行设置，设置要求如下。

①设置字标题行，将标题字体设置为黑体，字号为二号，对齐方式为居中对齐，字形为加粗、倾斜。

②设置正文字体格式，将第一段文本字体设置为华文新魏，字号为四号；将第二段文本字体设置为仿宋，字号为小四，字体颜色为蓝色，字形为加粗；将第三段文本字体设置为楷体，字号为小四，颜色为紫色；第四段至文章末尾所有段落文本字号为小四，字体为仿宋。

③将正文第一段、第二段和第三段固定行距设置为 20 磅。

④为正文第四段至第十段共 7 段设置项目符号为数字项目符号，并设置字体为楷体，字号为小四。设置段落特殊格式为首行缩进 2 个字符。

⑤设置落款，字体为宋体，字号为四号，对齐方式为右对齐，段间距为段前 0.5 行，段后 0.5 行。

⑥设置页面布局，纸张设置为 A4，页边距上下各为 4.1 厘米，左右各为 3.25 厘米，纸张方向为纵向。

⑦打印文档，打印份数为 10 份，单面打印，打印所有页。

（一）字体设置

平时我们在给 Word 文档进行排版的时候，总会遇到一些上下排列的文字无法对齐的情况，看起来不美观，为了使文档美观，在文档编辑中常需要对文档中的文字进行字体设置。字体的设置包括字体类型、字号、字形等。对字体的设置，可以通过选中文字后弹出的快捷菜单，或功能区"开始"选项卡中"字体"工具的各个按键实现快速设置；也可通过如图 1-8 所示的扩展按键或右键快捷菜单打开字体设置界面进行详细设置（如图 1-9 所示）。可

◇◇ 办公文稿制作

以自由设置目录文字的字体、字号、颜色、行距等格式，从而得到更美观的外观。

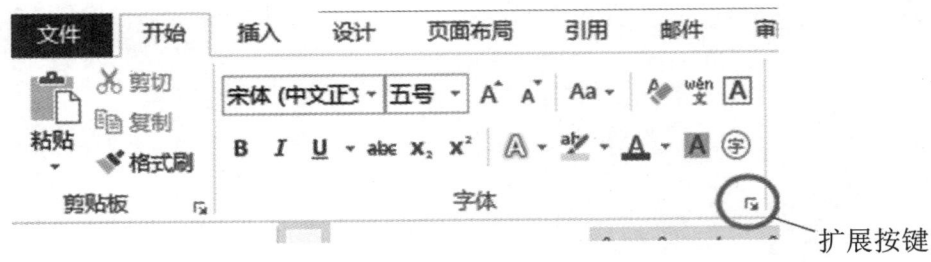

图 1-8　扩展按钮

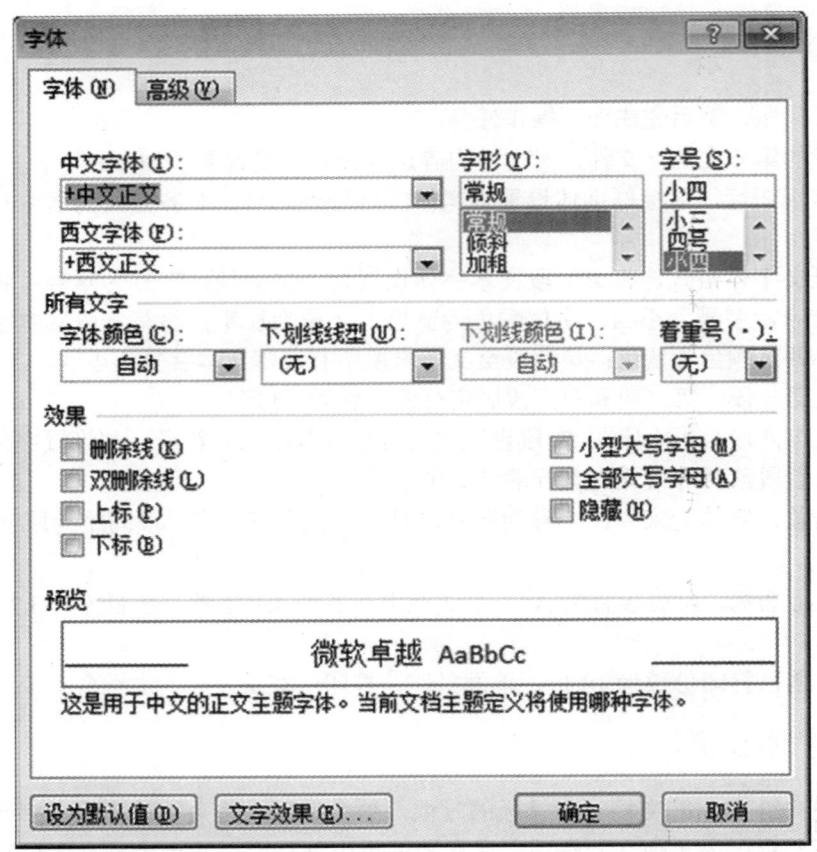

图 1-9　字体设置界面

1. 根据 Word 2010 "字体"工具组中的提示，写出见表 1-4 命令按键的功能作用。

表 1-4 命令按键的功能作用

命令按键	功能作用
宋体	
五号	
A˄	
A˅	
Aa	
A✐	
wén 文	
Ⓐ	
B	
I	
U	
abc	
x₂	
x²	
Ⓐ	
ab✐	
A	
A	
字	

15

2. 写出见表 1-5 示例中所使用的字体格式，并在"我的第一文档"的原文中进行操作练习。

表 1-5　字体格式

图示	字体格式
电脑病毒有许多种类，大体上可分为源码病毒、外壳病毒、操作系统病毒等几类，例如，大麻病毒就是一种操作系统病毒	
*电脑病毒*有许多种类，大体上可分为源码病毒、外壳病毒、操作系统病毒等几类，例如，大麻病毒就是一种操作系统病毒	
电脑病毒有许多种类，大体上可分为源码病毒、外壳病毒、操作系统病毒等几类，例如，大麻病毒就是一种操作系统病毒	
~~电脑病毒~~有许多种类，大体上可分为源码病毒、外壳病毒、操作系统病毒等几类，例如，大麻病毒就是一种操作系统病毒	
$Y=bx^3$	
$Y=a_1+a_2$	
对于系统文件，如 DOS 等各种文件，以及所有需要保护的数据文件，如自己录入好的文章等都要做好备份以进行保存。 将有关文件和数据加密保护，在需要时再对其进行解密。 对一些文件和子目录进行加密，或将其属性改为只读或隐含。 电脑系统感染病毒后，可利用一定的防毒硬件和软件进行清除	
将有关文件和数据加密保护，在需要时再对其进行解密。 对一些文件和子目录进行加密，或将其属性改为只读或隐含。 电脑系统感染病毒后，可利用一定的防毒硬件和软件进行清除	
电脑病毒有许多种类，大体上可分为源码病毒、外壳病毒、操作系统病毒等几类，例如，大麻病毒就是◇种操作系统病毒	
电脑病毒有许多种类，大体上可分为源码病毒、外壳病毒、操作系统病毒等几类，例如，大麻病毒就是一种操作系统病毒（bìng dú）	
电脑病毒有许多种类，大体上可分为源码病毒、外壳病毒、操作系统病毒等几类，例如，大麻病毒就是一种操作系统病毒	
电脑病毒有许多种类，大体上可分为源码病毒、外壳病毒、操作系统病毒等几类，例如，大麻病毒就是一种操作系统病毒	

（二）段落设置

1．在日常的文档编辑过程中为了达到更好的视觉效果，通常情况下还需要对文档段落的格式进行设置，这些可通过"段落"工具组实现，其使用方法与"字体"工具组类似。在软件中尝试找到相应功能。

2．在文档排版时，常需要在每段开头空两格，此时可以使用段落设置中的首行缩进功能实现，其对话框如图 1-10 所示。除首行缩进外，Word 2010 中段落缩进方式还有哪几种？在软件中练习设置，并体会如何设置参数。

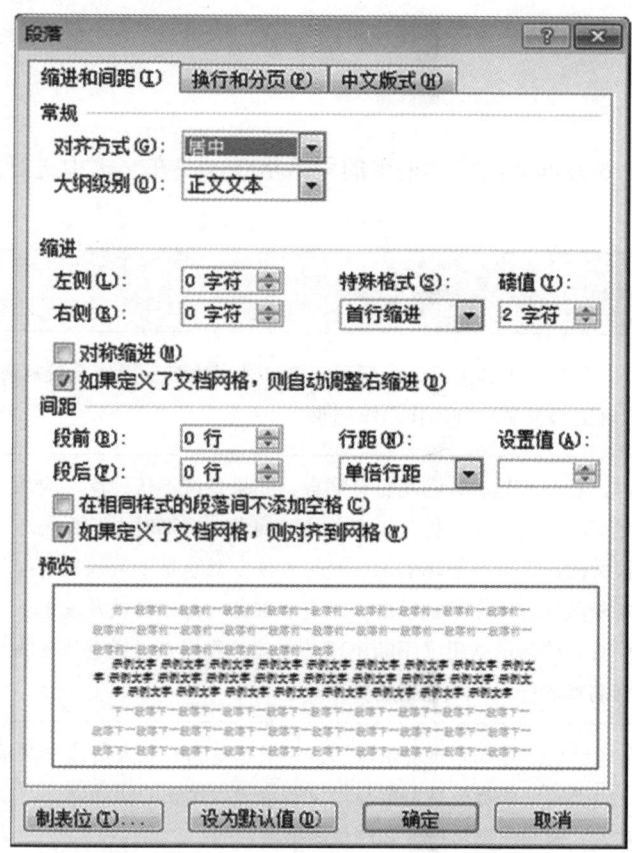

图 1-10 "段落"对话框

3. 在文档排版过程中，还可灵活设置段落前后间距和行距、对齐方式、项目符号和编号等功能，实现所需要的格式要求。在功能区或右键快捷菜单中找到相应选项，尝试操作，体会其功能效果，并回答以下问题。

（1）是否勾选"如果定义了文档网格，则对齐到网格"效果上有哪些差别？

（2）左对齐、两端对齐、分散对齐在效果上有哪些差别？

（3）设置了自动项目符号和编号后，如何自动生成次一级的项目符号或编号？

4. 写出见表 1-6 方框所圈部分采用的段落格式，并在文档中进行操作。

表 1-6　段落格式

缩进提示	段落格式
□电脑病毒有许多种类，大体上可分为源码病毒、外壳病毒、操作系统病毒等几类，例如，大麻病毒就是一种操作系统病毒	
当电脑出现异常时，我们应先确认它是否有病毒。如果系统不认硬盘，应从软盘启动，然后再利用杀毒软件来检查并清除病毒。病毒对电脑系统造成的破坏是很大的，而且被破坏的部分是很难恢复甚至是不可恢复的；一些电脑病毒隐蔽性较强不易被发现，还有一部分病毒即使被发现也不易被清除；而且一些新的病毒又不断出现。因此，我们必须通过严密的措施防止电脑病毒的侵入，具体措施如下。	
硬件清除法是通过硬件方式来实现杀毒的。对于非电脑专业人员该方法是一种较好的选择。我国的反病毒产品主要是以反病毒卡为代表的辅助硬件产品。如华能反病毒卡、智能病毒防护卡和瑞星防病毒卡等。 □软件清除法是利用一定的杀毒软件清除程序中存留的有害的病毒程序，例如金山公司的金山毒霸、江民公司的KV3000等都是很好的杀毒软件。	

续表

缩进提示	段落格式

怎样预防电脑病毒
  电脑病毒有许多种类，大体上可分为源码病毒、外壳病毒、操作系统病毒等几类，例如，大麻病毒就是一种操作系统病毒。
  电脑病毒能够像生物病毒一样，在许多电脑之间传播，危害极大。	

硬件清除法是通过硬件方式来实现杀毒的。对于非电脑专业人员该方法是一种较好的选择。我国的反病毒产品主要是以反病毒卡为代表的辅助硬件产品。如华能反病毒卡、智能病毒防护卡和瑞星防病毒卡等。
  软件清除法是利用一定的杀毒软件清除程序中存留的有害的病毒程序，如金山公司的金山毒霸、江民公司的 KV3000 等都是很好的杀毒软件
                2020 年 9 月 6 日	

当电脑出现异常时，我们应先确认它是否有病毒。如果系统不认硬盘，应从软盘启动，然后再利用杀毒软件来检查并清除病毒。病毒对电脑系统造成的破坏是很大的，而且被破坏的部分是很难恢复甚至是不可恢复的；一些电脑病毒隐蔽性较强不易被发现，还有一部分病毒即使被发现也不易被清除；而且一些新的病毒又不断出现。因此，我们必须通过严密的措施防止电脑病毒的侵入，具体措施如下	

电脑病毒能够像生物病毒一样，在许多电脑之间传播，危害极大。病毒可以通过电脑软件盘、网络传播，使电脑"生病"。
  当电脑出现异常时，我们应先确认它是否有病毒。如果系统不认硬盘，应从软盘启动，然后再利用杀毒软件来检查并清除病毒。病毒对电脑系统造成的破坏是很大的，而且被破坏的部分是很难恢复甚至是不可恢复的；一些电脑病毒隐蔽性较强不易被发现，还有一部分病毒即使被发现也不易被清除；而且一些新的病毒又不断出现。因此，我们必须通过严密的措施防止电脑病毒的侵入，具体措施如下
  要防止"病从口入"，在使用任何磁盘时都要事先用杀毒软件检查是否带毒	

◇◇ 办公文稿制作

续表

缩进提示	段落格式
要防止"病从口入",在使用任何磁盘时都要事先用杀毒软件检查是否带毒。 ➢ 安装防病毒卡。 ➢ 严禁任何人员使用其他外来拷贝盘,不使用盗版软件,特别是不得用盗版软件盘玩电脑游戏。	
对于系统文件,如 DOS 等各种文件,以及所有需要保护的数据文件,如自己录入好的文章等都要做好备份以进行保存。 (1)将有关文件和数据加密保护,在需要时再对其进行解密。 (2)对一些文件和子目录进行加密,或将其属性改为只读或隐含。 (3)电脑系统感染病毒后,可利用一定的防毒硬件和软件进行清除	

5．根据段落格式,写出见表 1-7 命令按键的功能。

表 1-7 命令按键的功能

命令按键	功能
☷▼	
½☷▼	
½☷▼	
⇤	
⇥	
A▼	
A↓	

续表

命令按键	功能
↵	
≡	
≡	
≡	
≡	
↔	
↑≡ ▼	
🪣 ▼	
⊞ ▼	

（三）页面设置

1. 为了使打印输出的页面布局美观，并与打印纸张良好融合，需要对 Word 文档页面进行设置。找到"页面设置"命令的位置，对照如图 1-11 所示"页面设置"对话框进行设置，体会其功能效果，并在见表 1-8 中写出图中各部分的功能。

◇◇ 办公文稿制作

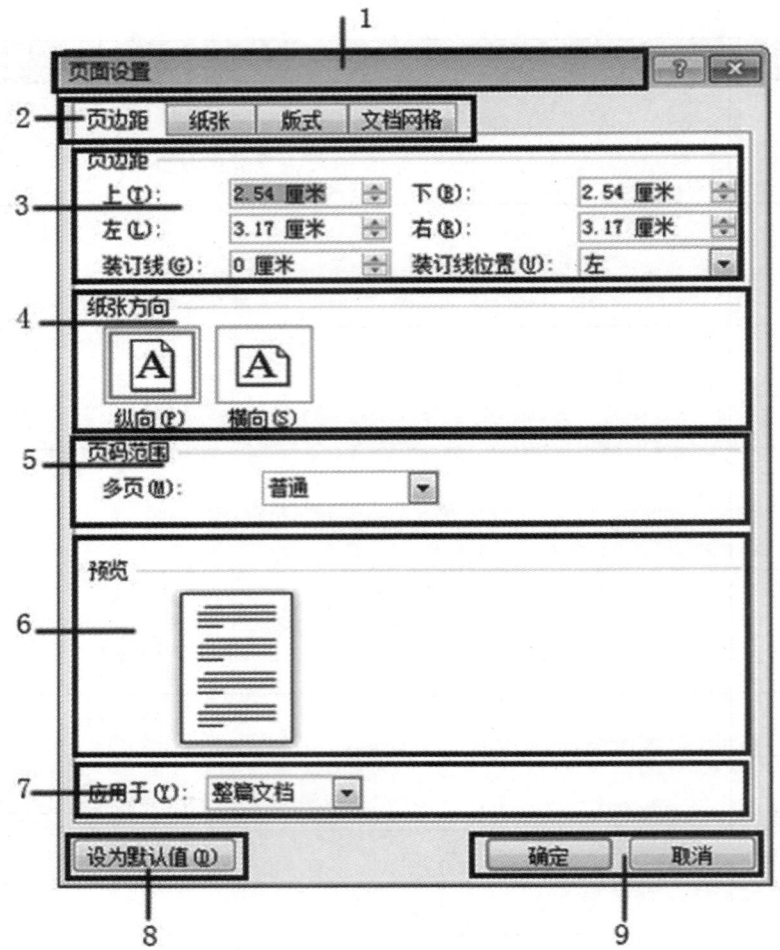

图 1-11 "页面设置"命令

表 1-8 各部分的功能

序号	功能
1	
2	
3	
4	
5	
6	
7	
8	
9	

写出表 1-9 命令按键的功能。

表 1-9　命令按键的功能

命令按键	功能
文字方向	
页边距	
纸张方向	
纸张大小	
分栏	
分隔符	
行号	
断字	

七、批注和修订操作

在 Word 文档编辑、审阅过程中，如需在不改变内容本身的情况下对其中内容进行批注说明，可使用"审阅"选项卡下的"批注"工具（如图 1-12 所示）。如需对内容进行更改且留下修改痕迹，可使用"修订"工具进行修订操作。在软件中尝试操作相关功能，回答以下问题。

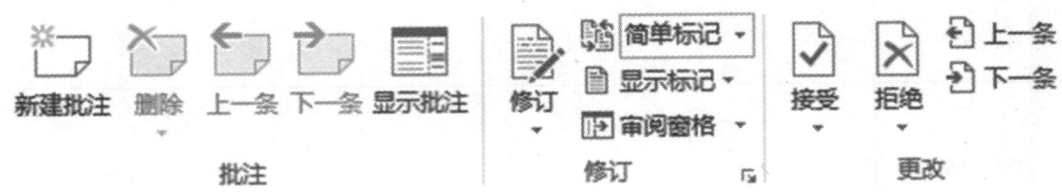

图 1-12　"审阅"选项卡下的"批注"工具

1．Word 2010 支持哪几种修订显示方式？

2．Word 2010 是否支持多人对文档进行批注、修订并区分不同人的修改痕迹？如何区分？

3．为避免页面过于杂乱，有时需要只显示一部分修订或批注内容，如仅显示插入和删除的文字，不显示格式设置的修改等，应如何设置？如只需显示某个人的修订和批注痕迹，应如何设置？

八、打印设置

1．打印是指将已设置好的文件通过打印机输出，打印选项设置如图 1-13 所示。找到"打印"菜单，熟悉各个设置的功能（如图 1-14 所示）。

学习任务一　简单文稿录入与排版

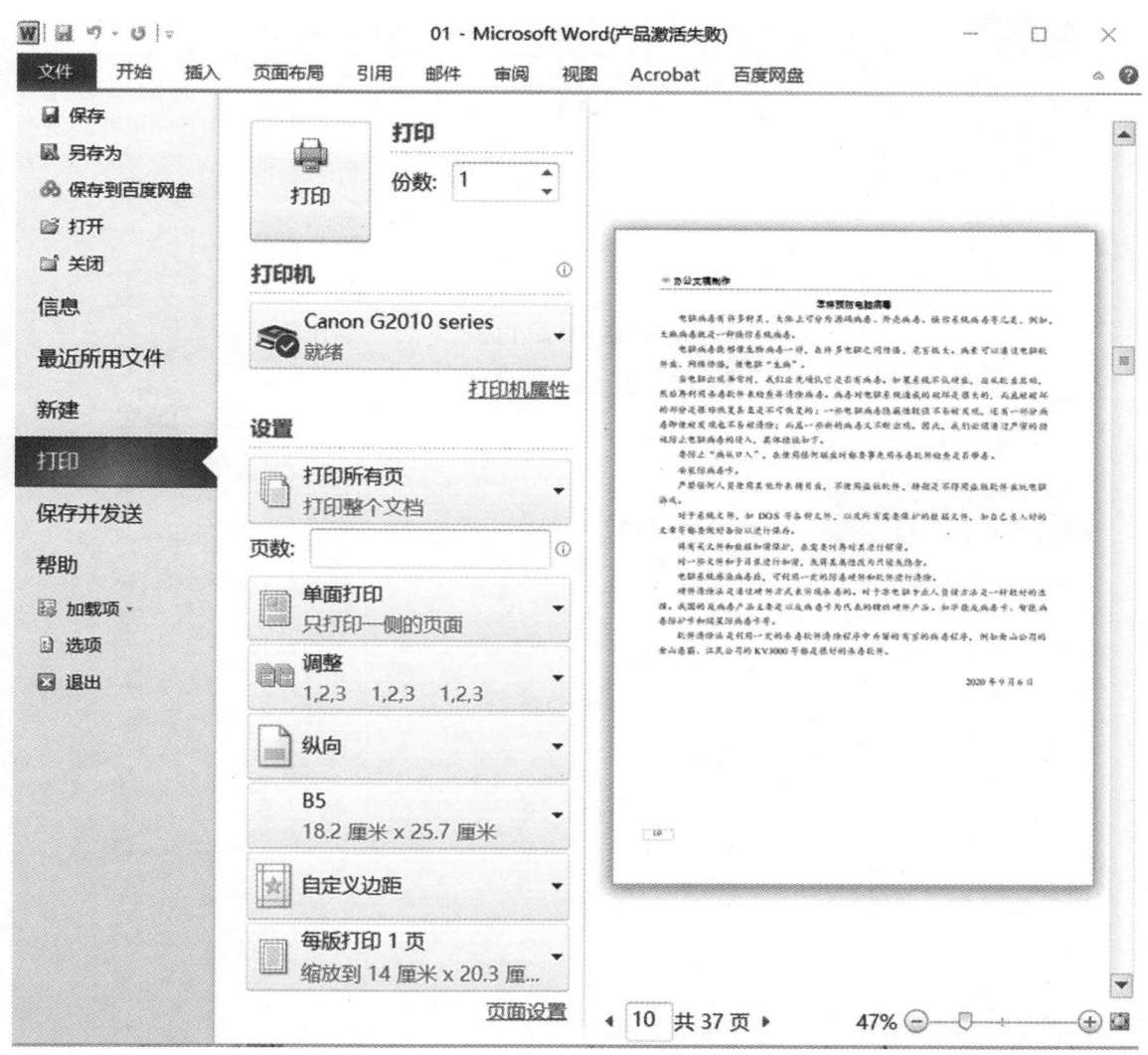

图 1-13　"打印"菜单

◇◇ 办公文稿制作

图 1-14 "打印"菜单设置

2．如需将一份文档中的第 10~20 页打印三份，并设置缩放，使每面纸上打印两页内容，纸张使用 A4 纸，应如何设置参数？

学习活动二　制订计划

【活动目标】

1．能确定公文稿的内容和格式要求。
2．能以公文稿的形式制订工作计划。

【建议学时】

2学时

【学习过程】

一、确定文档内容格式要求

1．上网查询公文稿撰写格式要求，学习《党政机关公文格式》等国家标准文件，搜集公文稿实例，对比各自的格式特点，总结并向全班同学展示自己的查询结果，写出公文稿内容及格式要求的要点。

2．结合搜集到的实例和要求，根据任务描述，设计本任务公文稿各部分的格式，填写见表1-10（最后一列"实现情况"待下一学习活动完成后填写）。

表1-10 设计本任务公文稿各部分的格式

序号	组成部分	格式要求	实现情况
1	标题	字体： 字形： 字号： 间距： 行距： 段落缩进： 对齐方式： 其他格式要求：	
2	正文	字体： 字形： 字号： 间距： 行距： 段落缩进： 对齐方式： 其他格式要求：	
3	落款	字体： 字形： 字号： 间距： 行距： 段落缩进： 对齐方式： 其他格式要求：	
4	页面设置	字体： 字形： 字号： 间距： 行距： 段落缩进： 对齐方式： 其他格式要求：	

3. 公文参考示例如下。

×××公司定期召开公司例会的通知

公司全体员工：

  为使我公司各部门工作顺利展开，并且保证各部门之间能够衔接顺畅，有效地提高工作效率。经公司领导研究决定将定期召开公司员工例会。具体通知如下：

  例会时间：每周五下午16：00－17：00。

  地点：公司会议室。

  参会人员：公司全体员工，如有紧急工作不能参会的员工请提前到办公室主任处请假。

例会主题及安排：各部门员工本周工作总结及下周工作计划，需协调待解决的工作。本通知自发布之日起执行。

×××公司办公室
2019 年 7 月 6 日

二、制订工作计划（见表 1-11）

表 1-11　工作计划

组员分工		职责
组长		人员安排及小组统筹安排
组员		撰稿
^^		收集和整理资料
^^		公文稿录入
^^		公文稿格式设置及文稿打印
^^		文稿校对及修改
^^		成果展示及验收

注：小组人员分工可根据进度由组长安排一人或多人完成，应保证每人在每个时间段都有任务，既要锻炼团队合作能力，又要让小组每位成员都能独立完成这项任务。

学习活动三　实施作业

【活动目标】

1. 能撰写通知文稿并正确录入文稿信息。
2. 能完成文稿的字符格式设置。
3. 能完成文稿的段落格式设置。
4. 能完成页面格式设置。
5. 能根据公文稿设置要求，对文稿进行审核、校对。
6. 能根据任务实施过程填写工作日志。

◇◇ 办公文稿制作

【建议学时】

　　4学时

【学习过程】

一、撰写公文稿

　　根据上一活动总结的公文稿撰写格式及要求撰写会议通知文稿。

二、新建及保存文档

　　在 D 盘 "办公文稿制作" 文件夹中新建 Word 文档，命名为 "会议通知.docx"。

【小提示】

　　在文稿录入和编辑的过程中应随时保存，避免因死机或断电导致文件丢失。

三、录入及核对文档内容

　　在 Word 文档中录入拟好的公文稿，注意日期使用插入自动日期的方式完成。录入所选用的输入法是：_____。录入完成后，核对录入文字的正确率（正确率=正确字数/总字数），文字正确率为：_____。

四、设置格式

根据任务要求和工作计划完成公文稿的格式设置。将实现情况记录在上一活动的表格中。如顺利完成,则记录"完成";如对原设计有调整,则将调整情况记录在表格中。

五、打印输出

1. 学习《校对符号及其用法》等标准文件,熟悉常用的校对符号,将其外形和功能记录下来。

2. 将公文稿打印输出,使用校对符号进行校对,依照校对稿修改后打印最终稿。

六、记录问题及解决方法

在以上操作过程中,是否遇到了问题?是如何解决的?记录在见表 1-12 中。

表 1-12　记录问题及解决方法

问题	解决方法

七、填写工作日志（见表 1-13）

表 1-13 工作日志

序号	日期	时间	工作内容	指导教师意见
1				
2				
3				
4				
5				
6				
7				
8				
9				

学习活动四　质量检查及验收

【活动目标】

1. 能检验文稿内容与格式的正确性。
2. 能根据修改意见对文稿进行修改。
3. 能按工作流程交付主管确认验收。

【建议学时】

4 学时

【学习过程】

一、质量检查

1. 根据打印出的公文稿进行检查校对，并将信息填入见表 1-14。

表 1-14 检查校对

检查序号	检查项	根据完成情况或完成项目在相应选项位置标记"√"	改进措施
1	文字正确率	□100%　　　□100%以下	
2	标题	□字体　　□字号　　□字形 □对齐方式　　□文本效果	
3	正文	□字体　　□字号　　□对齐方式 □缩进方式　　□行间距	
4	落款	□字体　　□字号　　□对齐方式	
5	页面布局	□页边距　　□纸型　　□方向	

2. 公文稿修改。根据上表检查情况，对于发现的问题及提出的改进措施独立进行修改，修改后再次校对直至完全正确，打印最终版本的文稿。

二、交接验收

根据任务工作情境以角色扮演形式进行解说。展示公文稿完成效果，逐项核对任务要求，完成交接验收，并填写验收表（见表 1-15）。

表 1-15 验收表

验收项目	验收要求	第一次验收	第二次验收
公文撰写	公文稿撰写格式正确，撰写内容符合客户要求	□通过 □未通过 整改措施：	□通过 □未通过
公文稿录入	正确率 100%	□通过 □未通过 整改措施：	□通过 □未通过
公文稿格式设置	格式设置符合公文稿格式设置要求，设置效果好	□通过 □未通过 整改措施：	□通过 □未通过
公文稿页面设置	页面设置合理，整体布局美观，符合客户需求	□通过 □未通过 整改措施：	□通过 □未通过
客户检查情况	□合格　　□不合格 □比较好　　□有待改进	客户签字：	客户签字：

三、总结评价

按照"客观、公正和公平"的原则，在教师的指导下以自我评价、小组评价和教师评价三种方式对自己和他人在本学习任务中的表现进行综合评价（见表1-16）。

表1-16 考核评价表

班级		学号				姓名		
评价项目	评价标准		评价方式			权重	得分小计	总分
		自我评价	小组评价	教师评价				
职业素养和关键能力	1. 能按规范执行安全操作规程； 2. 能参与小组讨论，相互交流； 3. 积极主动、勤学好问； 4. 能清晰、准确地表达					40%		
专业能力	1. 能熟练使用Word 2010文件操作方法对Word文件进行操作； 2. 能灵活运用Word 2010文档编辑方法对Word文本进行编辑操作； 3. 能灵活运用Word 2010格式设置方法对Word文本进行编辑操作； 4. 能熟练完成Word 2010文档页面设置及打印操作					60%		
综合等级		指导教师签名				日期		

考核评价表填写说明：

1. 各项评价采用10分制，根据符合评价标准的程度打分。
2. 得分小计按以下公式计算：
得分小计=（自我评价×20% +小组评价×30% +教师评价×50%）×权重。
3. 综合等级按以下四个级别标准进行填写：
A（9≤总分≤10）、B（7.5≤总分<9）、C（6≤总分<7.5）、D（总分<6）。

学习任务二 企业采购方案

【任务目标】

1. 能通过与相关部门人员的专业沟通明确工作任务。
2. 能搜集整理采购方案制作资料，合理制订工作计划。
3. 能熟练运用表格、图形、图片、文本框、艺术字等元素制作编排文档，具有图文混排编辑的能力。
4. 能根据要求完成 Visio 组织结构图和工作流程图的绘制。
5. 能按照大纲级别要求制作目录。
6. 能根据采购方案要求进行审核校对、检查、修改。
7. 能填写工作日志，能对作品进行评价，并完成质量检查及验收。

【建议学时】

22 学时

【工作情景描述】

某公司需制作一份商业采购方案，现需要业务部小李搜索采购方案一般格式要求，并用 Word 2010 完成采购方案的制作。制作要点如下。

封面设计：封面应包括必要的文字信息，并用图片、图形、艺术字等元素进行美化。

内容设计：版式设计规范、美观，在设计中适当添加表格、图形、图片、艺术字等元素，突出主题内容，并使用 Visio 2010 绘制组织结构图和工作流程图。

目录设计：标书正文前应加入目录，目录应具有自动更新功能。

业务部小李从主管处获取任务单，与主管沟通了解细节要求，编制工作计划，整理采购标书内容并进行排版，核对内容与格式无误后，交付主管审核，填写工作日志。

【工作流程与活动】

学习活动一　明确任务和知识准备
学习活动二　制订编制计划

学习活动三　实施作业
学习活动四　质量检查与验收

学习活动一　明确任务和知识准备

【活动目标】

1. 能通过与相关部门的专业人员沟通明确工作任务，并准确概括、复述任务内容及要求。
2. 能熟练完成表格制作及设置操作。
3. 能熟练完成图形的添加及编辑操作。
4. 能熟练完成文本框、艺术字等元素添加及设置操作。
5. 能根据采购方案要求完成Visio组织结构图的绘制。
6. 能完成工作流程图的制作及设置。
7. 能按照大纲级别要求制作目录。
8. 排版制作过程中能实现图文混排。

【建议学时】

12学时

【学习过程】

一、明确工作任务

1. 根据工作情境描述，模拟实际场景与业务主管进行沟通交流，写出本任务的要点。

2. 根据主管需求要点，通过互联网查询，了解采购方案由哪几部分组成，各部分的设置要求有哪些。

二、表格的操作

1. 在采购方案中利用表格表示一些数据信息，这样能更加形象地说明问题。Word 2010 中提供了多种创建表格的方法，用户可以根据需要快速绘制和编辑各种表格。学习表格相关功能的基本用法，回答引导问题，完成如下操作任务。

制作如图 2-1 所示效果的《有型健身会所会员课程表》。

有型健身会所会员课程表

课程时间：5月份

时间\星期	星期一	星期二	星期三	星期四	星期五	星期六	星期日
12:00—13:00	杠铃课程	瑜伽	瑜伽	纤体瑜伽			杠铃课程
16:30—17:30	搏击课程	有氧舞蹈	瑜伽	杠铃课程	核心训练	核心训练	纤体瑜伽
19:40—20:20	ZUMBA		肚皮舞	空中瑜伽	搏击课程	空中瑜伽	ZUMBA
19:40—20:30	室内单车	室内单车	室内单车		室内单车	室内单车	室内单车

【温馨提示】尊敬的会员，请根据您的身体实际状况和技巧程度合理选择课程。
健身课程中请注意安全，听从教练的嘱咐与安排！祝您生活愉快！

图 2-1　《有型健身会所会员课程表》的效果

要求见表 2-1。

表 2-1　编辑要求

项目	字体	字号	对齐方式	字形
表头"有型健身会所会员课程表"	黑体	二号	居中对齐	加粗、双下画线
"课程时间：5月份"	宋体	小四	首行缩进2个字符	无
课程内容安排	宋体	小四	居中对齐、绘制斜线	无
"温馨提示"	楷体	小五	左对齐	无

（1）Word 2010 提供了多种创建表格的方法，根据下表 2-2 中的图示，填写创建表格的方法。在计算机中尝试进行操作，对比几种方法的特点及其区别。

37

表 2-2 图示及操作方法

序号	图示	操作方法
1	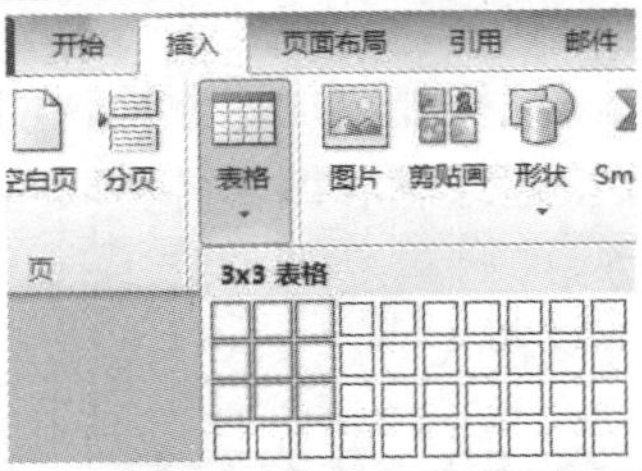	单击"插入"选项卡中的_____，直接移动鼠标指针，在网格中确定表格的行列数，然后单击鼠标即可
2	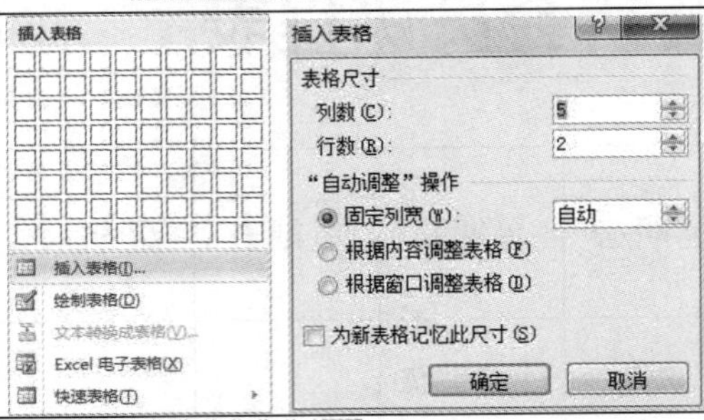	
3	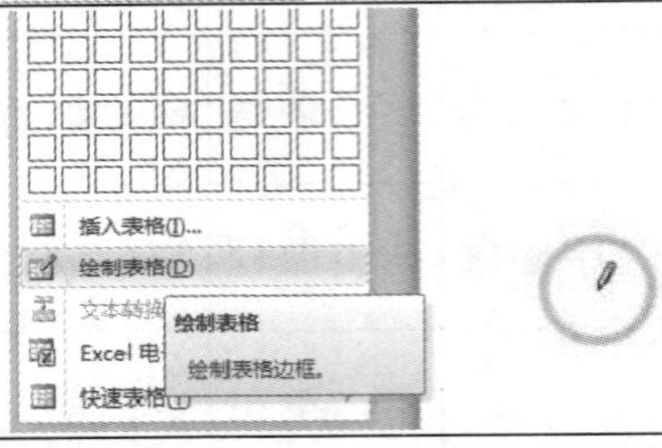	
4		
5	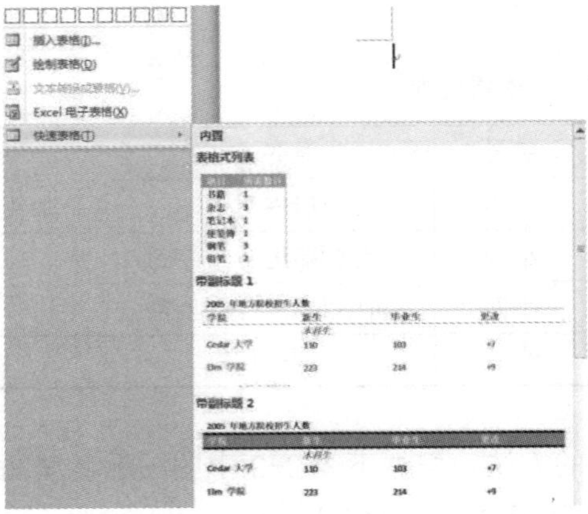	

（2）表格创建完成后，有时需要对表格进行修改。如插入行、列或单元格，合并或拆分单元格，以及调整整个单元格的行高和列宽。在 Word2010 中，将光标放置在编辑表格中任意区域，在功能区中将出现"表格工具"选项卡，在其中的"布局"菜单（如图 2-2 所示）中，即可找到"删除""插入""合并单元格""拆分单元格"等编辑功能，还可对单元格的高度、宽度进行设置。查看相关菜单，在计算机中尝试操作，体会各个功能的用途和用法。

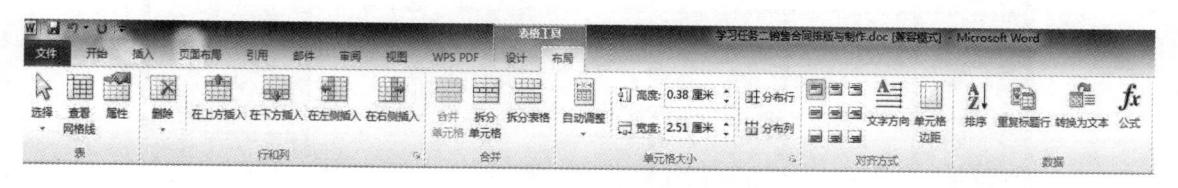

图 2-2　"布局"菜单

（3）Word 2010 中还提供了一些自动功能，方便表格布局，如"自动调整""分布行""分布列""对齐方式"等。查看相关菜单，在计算机中尝试操作，体会各个功能的用途和用法，简要说明它们分别可实现什么功能。

（4）如何手动操作调节表格或单元格的高度、宽度？

2．表格创建和编辑完成后，还可以进一步对表格进行美化操作，如铺设底纹、改变表格边框线型等，学习相关的操作方法，回答引导问题，完成以下操作任务。

◇◇ 办公文稿制作

（1）制作如图 2-3 所示效果的《入职登记表》。

入 职 登 记 表

日期：　　年　　月　　日

姓　名		性　别		出生日期		照　片
曾用名		身　高		体　重		
民　族		籍　贯		婚姻状况		
政治面貌		身份证号码				
户籍所在		现居住地				
最高学历		毕业院校		专　业		
外语水平		计算机水平		其他能力		
学习经历	起止年月		就读学校	学　历	专　业	
工作经历社会实践	起止年月		职　务	主要工作内容		
家庭成员	姓　名		关　系	年　龄	联系电话	
其他说明						

图 2-3　"入职登记表"的效果

要求：

表头——字体为黑体，字号为一号，字形为加粗，双下画线。

表格——根据表格形状绘制表格，表内文字字体为宋体，字号为小四号，对齐方式为居中对齐，项目名称栏填充灰色，贴照片处填充灰色并加上斜线。

日期——字体为宋体，字号为小四号，字形为加粗。

"学习经历""家庭成员"——文字方向为竖向。

边框设置——表格内线为双实线，表格外框线线型为━━，线宽为3磅。

纸张大小——A4、纵向。

页边距——上 2.54cm、下 2.54cm、左 3.18cm、右 3.18cm。

对线型和底纹的设置是通过如下图 2-4 所示"边框和底纹"对话框来进行的,浏览对话框中各个标签下的选项功能,在软件中尝试操作,了解其具体作用,并完成下表 2-3 中的表格样式设置,简要叙述设置方法,体会相关功能的用法。

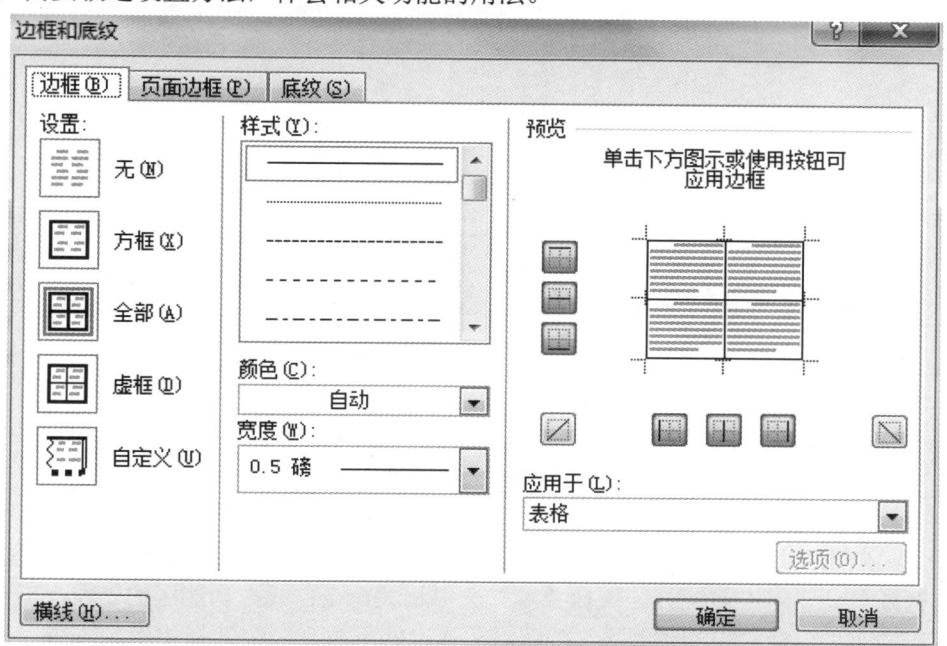

图 2-4 "边框和底纹"对话框

表 2-3 表格样式设置

序号	图示	操作方法
1		
2		

续表

序号	图示	操作方法
3		
4		

（2）当所创建的表格不需要了，或部分单元格创建错误时，可以进行删除处理。选中要删除行、列或单元，单击右键打开快捷菜单，选中相关命令；或在功能区的"表格工具"选项卡中，单击"布局"标签中的"删除"按钮，从弹出的下拉列表中选择相应选项进行操作，如图 2-5 所示。

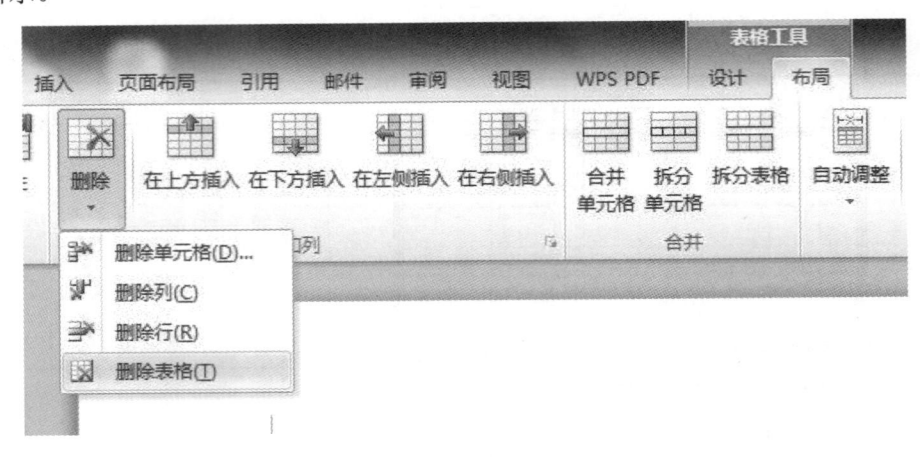

图 2-5　删除表格

尝试相关操作，并回答：删除了表格中间位置的一个单元格后，其周围的单元格如何移动？怎样设置才能满足不同的功能需要？

三、自选图形的插入及设置

1. 在采购方案中有时需要用图形来表述方案内容的情况。Word 2010 提供了一些预设的图形图片，可以制作一些简单的图形效果，以满足文稿制作的需要。回答引导问题，然后完成如下操作任务。

按下列要求，绘制见表 2-4 所示图形。

表 2-4　绘制图形

名称	图示	要求
红旗		（1）旗杆为"渐变填充"，体现立体效果。 （2）"波形"旗面，填充红色，无边线。 （3）组合图形，设置旗面"发光和柔化边缘"效果
按钮	YES　未按下状态 YES　按下状态	（1）利用圆角矩形制作按钮，并通过"三维格式"和"阴影"形状格式设置按钮"未按下"和"按下"状态。 （2）为按键添加"YES"文字，并设置文字字体为黑体，字号为三号，字形为加粗
3		（1）选择合适的形状制作蜡烛轮廓。 （2）通过"阴影"形状格式设置蜡烛的阴影。 （3）利用填充方法为蜡烛填充渐变色，蜡烛从左到右为"红—黄—红"渐变，火焰底纹样式为中心辐射填充"红—黄"

2. 在"插入"选项卡单击"形状"按键，出现如图 2-6 所示图形列表。

◇◇ 办公文稿制作

图 2-6　图形列表

单击所需图形，在编辑区域内按住鼠标左键，拖动至合适大小即可创建图形。插入图形的大小和形状是可以任意调节的，在图形上的不同位置，有实心圆形、空心圆形、正方形、菱形四种标记点，按住鼠标左键拖动标记点即可进行调整。尝试插入不同的图形，并调整其形状和大小，简要说明四种标记点在功能上的区别，如图 2-7 所示。

图 2-7　图形效果

实心圆形：

空心圆形：

正方形：

菱形：

3．当图形绘制好后，在部分图形内还可输入文字，操作方法：先选中该图形，然后单击鼠标右键，在弹出的快捷菜单中选择"添加文字"命令，即可输入文字；有时需要对图形进行简单的修饰，如设置图形边线或填充等效果，操作方法：先选中图形，然后单击鼠标右键，在弹出的快捷菜单中选择"设置形状格式"命令，出现如图 2-8 所示"设置形状格式"对话框，即可根据需要进行设置。

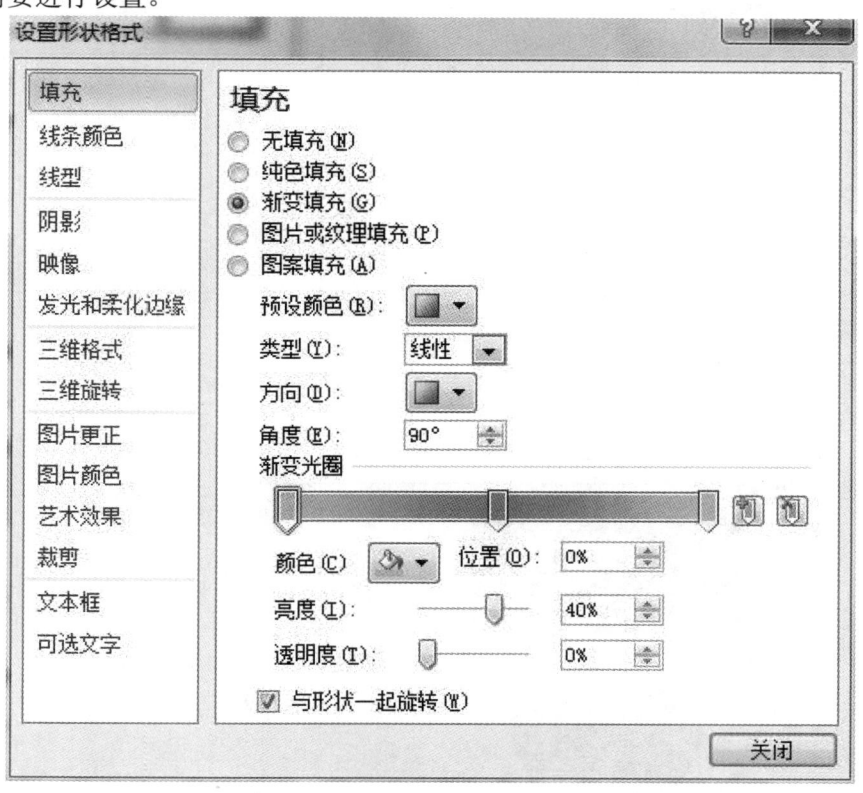

图 2-8 "设置形状格式"对话框

◇◇ 办公文稿制作

4. 尝试对话框中的各项功能，观察体会其使用效果，综合使用不同的功能，可以实现丰富的表现效果。通过实际操作实现下表 2-5 中的图形样式，并说明采用了哪些功能。

表 2-5　图形样式

序号	图示	操作方法
1		
2		
3		
4		
5		
6		
7		
8		

5. 当需要绘制的图形由多个小图形拼合在一起时，就需要对多个图形进行组合操作。操作方法：先选择多个需要放在一起的图形，然后单击鼠标右键，在弹出的快捷菜单中选择"组合"，在级联菜单中选择"组合"命令。

　　组合在一起的图形也可拆分，即取消组合。操作方法：先选择需要解组的图形，然后单击鼠标右键，在弹出的快捷菜单中选择"组合"，在级联菜单中选择"取消组合"命令。

　　以上操作中涉及同时选中多个图形的操作，而直接单击左键只能选中其中一个。查阅帮助或通过互联网检索，简要说明同时选中多个图形的操作方法，并在计算机中实际操作练习。

四、数据录入与编辑

　　除了直接输入文字之外，为了实现美观的排版效果，有时还需要使用文本框。回答引导问题，然后完成如下操作任务。

　　制作如图 2-9 所示效果的文本框。

文档排版与制作

图 2-9　文本框效果

要求：

（1）在创建的文本框中输入文字"文档排版与制作"。

（2）设置字体为华文新魏，字体颜色为白色，字号为二号，对齐方式为居中对齐。

（3）设置文字框样式：填充为蓝色；边线为实线，颜色为黑色；形状效果为发光、内部阴影。

　　要插入文本框，单击"插入"选项卡"文本"组中的"文本框"按钮，在弹出的下拉列表选择"绘制文本框"命令，然后在需要插入文本框的位置拖动鼠标左键，此时文本框内会有一个闪烁的光标，可在光标位置输入需要的文字。

　　Word 2010 中预设了多种不同样式的文本框，在插入时可直接选择。另外，也可对已插入的文本框根据需要自行设计，如修改形状填充、形状轮廓、形状效果等，其操作方法与图形相似。在软件中尝试进行操作，实现下表 2-6 中所示的显示效果，并简要说明实现方法。

表 2-6 显示效果

序号	图示	操作方法
1	Word 2010 中文版	
2	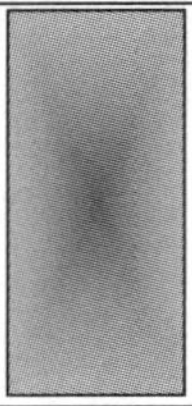	
3	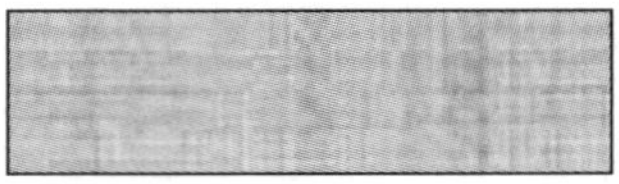	
4		
5		
6		
7		

五、艺术字的插入及设置

使用艺术字功能可以制作出美观的艺术字效果。回答引导问题，然后完成如下操作任务。制作如图 2-10 所示效果的艺术字。

图 2-10 艺术字效果

要求：

（1）插入艺术字，设置为从上到下"褐色—黄色—褐色"渐变填充，输入文字"欢迎光临"。

（2）设置"欢迎光临"字体为黑体，字号为小初。

（3）设置艺术字效果，形状效果为发光（金色，5pt 发光）和映像（全映像，8pt 偏移量）。

要插入艺术字，单击"插入"选项卡"文本"组中的"艺术字"按键，在打开的列表中选择一种艺术字类型，然后在编辑区中的输入框内输入需要的文字。插入艺术字后，可根据需要设置艺术字的样式，设置方式与文本框相同。

小任务中需要实现文字变形的效果，查看功能区中艺术字的相关设置，找到实现这一功能的选项，简要说明该命令的选择路径。

六、图片的插入及设置

在 Word 2010 中，可以将图片插入到文档中。回答引导问题，然后完成如下操作任务。

打开《入职登记表》表格，在表格的图片位置插入个人 2 寸照片。

在 Word 2010 中，插入图片的方法是：单击"插入"选项卡，单击"插图"组中的"图片"按键，打开"插入图片"对话框，选择图片所在目录，选择图片，单击"插入"按键完成图片的插入。对于已插入的图片，选中后，通过功能区的"图片工具"选项卡中的各项命令可对其样式进行修改、美化，调整其大小或进行裁剪，实现一些简单的艺术效果。尝试各个命令的功能，了解其修改效果，并回答以下问题。

1. 不改变图片的长宽比，在调整图片大小时，防止照片变形，如何操作？

2. 某职员的照片为蓝底，但表格提交要求中规定应使用白底照片，在 Word 2010 中能否实现将蓝底改为白底？如何操作？选择一些图片，实际尝试一下。

七、页面背景设置

编辑文档时，有时需要对整个页面背景进行设置。在 Word 2010 中，页面背景通过"页面布局"选项卡中的相关命令进行设置。查询帮助文件或通过互联网检索，简述下表 2-7 所示的页面背景是如何实现的，并在软件中加以练习操作。

表2-7　页面背景设置

序号	图示	操作方法
1		
2		
3		
4		
5		

八、目录的制作

一般情况下,所有正式出版物都有一个目录,其中包含书刊中的章、节及各章节的页码等信息,方便读者查阅。在 Word 2010 中,可以根据文档内容结构自动生成目录,从而避免了手动编排容易出现的目录与正文不一致的情况。通过"引用"选项卡"目录"下的相关命令可实现目录的插入,既可以使用 Word 2010 预设的几种目录样式,也可以自行编辑。

1. Word 2010 可以根据文档段落设置的大纲生成目录,单击"开始"选项卡下的"段落"命令进行各个段落的大纲级别设置。单击"视图"选项卡下的"导航窗格"命令打开文档结构图,可以清晰地看出各段落的大纲级别情况。除手动逐一设置大纲级别外,还能通过"样式"功能进行设置。查阅帮助文件或通过互联网检索,简要说明"样式"的功能和用法。

2. 对于 Word 2010 自动生成的目录,如果正文中相关内容的层次、文字等做了修改,可以实现自动更新,从而避免手动逐一对照修改的麻烦。简要说明更新目录的操作方法。

九、组织结构图的绘制

Visio 2010 是一款便于 IT 和商务专业人员对复杂信息、系统和流程进行可视化处理、分析和交流的软件。回答引导问题,然后完成如下操作任务。

制作如图 2-11 所示效果的组织结构图。

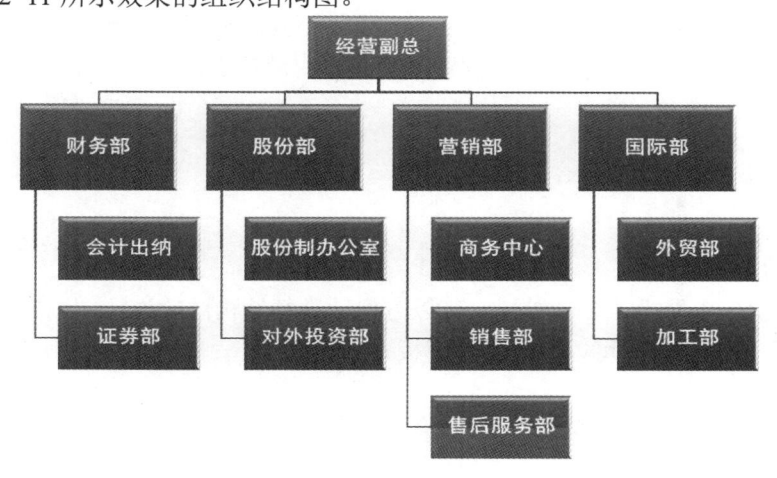

图 2-11　组织结构图

Visio 2010 的操作界面如图 2-12 所示。

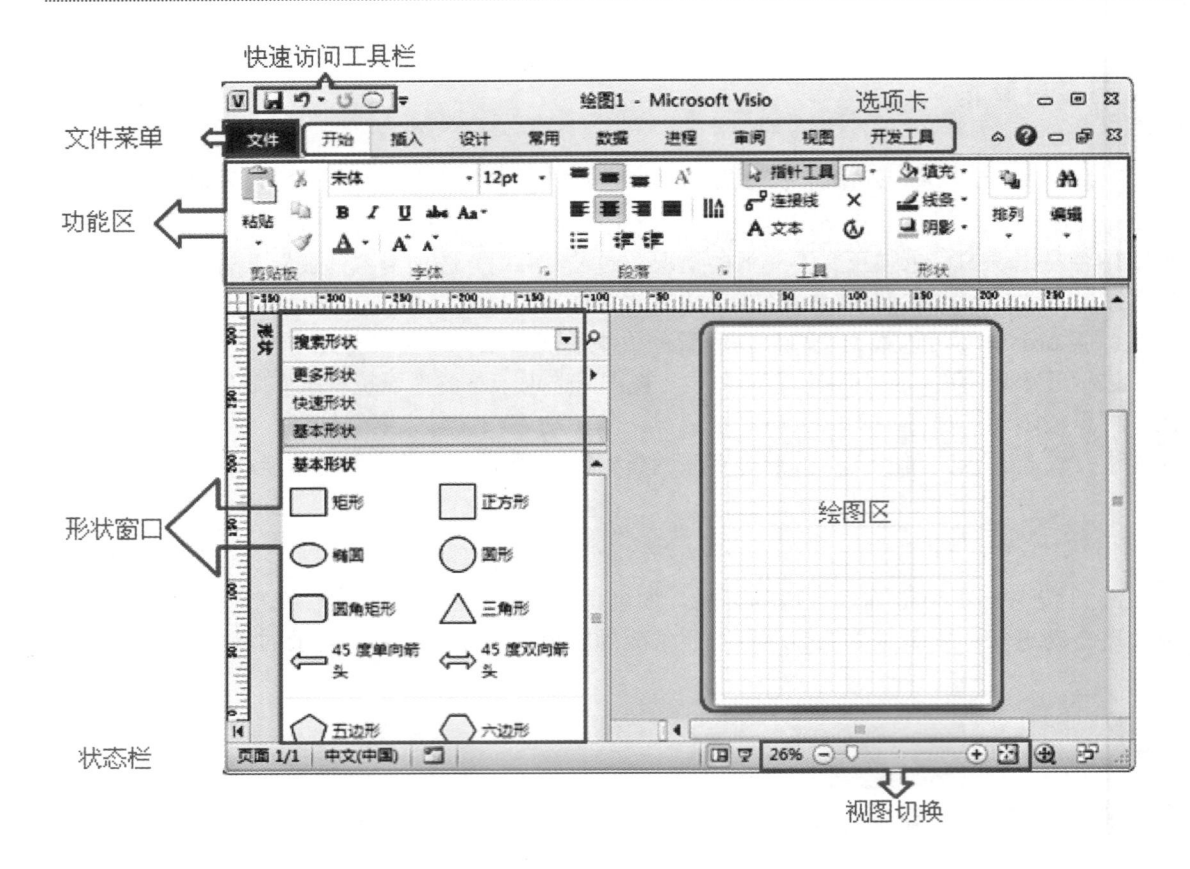

图 2-12 Visio 2010 的操作界面

1．Visio 2010 的基本操作较为简单，在左侧选中所需形状，拖动到编辑区内即可，利用"连接线"工具在两形状的连接点间进行拖动，可将不同的形状连接起来。完成上述小任务的组织结构图，利用"设计"选项卡还可以对框图的样式进行美化设计。总结 Visio 2010 的使用方法和技巧。

2．Visio 2010 中提供了多种模板，可以方便地进行结构图的设计。浏览各种模板的样式和结构。完成上述小任务，可以选择哪种模板？

十、图文混排

为使版面更加美观,通常需要进行图文混排。按要求完成如下操作任务。

自行选择素材,设计制作一个板报。可参考下图 2-13 进行设计。

图 2-13　设计制作一个板报

要求:

(1) 板报中要求包含图片、艺术字、图形、文本框等元素。

(2) 板报大小设为 A4 纸,横向。

(3) 板报页面设置背景图片和边框。

(4) 板报颜色搭配美观、鲜明,布局合理。

1. 实现图文混排,主要是对图片、文本框、艺术字的"文字环绕"方式进行设置。"文字环绕"方式的设置一般在选中该对象后出现的"格式"选项卡下"排列"组中的"位置"和"自动换行"下拉菜单中。尝试不同的文字环绕方式,简述 Word 2010 提供的文字环绕方式类型及其特点。

2. 不同的图片、文本框、艺术字等可叠放设置，这时就要设置它们的层次顺序。简述设置层次顺序的方法。

学习活动二　制订计划

【活动目标】

1. 能确定文档排版与制作任务的目标和要求。
2. 能制订工作计划。

【建议学时】

2学时

【学习过程】

一、确定工作任务目标

1. 上网查询采购方案的基本内容，搜集采购方案的实例，对比各自的样式特点，设计采购方案的版式（最后一列"完成情况"待下一学习活动完成后填写，见表2-8）。

表2-8　设计采购方案的版式

序号	采购方案组成部分	版式设计具体要求	完成情况
1	封面	封面包含的主要元素（文字信息、图形图片等）： 基本格式（字体、字号、字形、颜色、行间距、对齐、缩进等）：	
2	正文	各级标题的格式（字体、字号、行间距、对齐、缩进等）： 正文的格式（字体、字号、行间距、对齐、缩进等）：	

续表

序号	采购方案组成部分	版式设计具体要求	完成情况
3	目录	目录展示层级： 目录的格式（字体、字号、行间距、对齐、缩进等）：	
4	页面风格	页眉、页脚内容（含页码）及格式： 背景图片或文字：	

2．标书参考实例。

（1）封面、封底设计示例（如图 2-14 所示）。

图 2-14　封面、封底设计

（2）目录设计示例（如图 2-15 所示）。

×××品牌水果连锁店批量供应

目　录

第一部分　概述 1
　　第一节　前言 1
　　第二节　公司概况 1
　　第三节　果品定位与特点 2
第二部分　果品采购 2
　　第一节　果品采购组织 2
　　第二节　果品采购流程 3
　　第三节　果品采购品种 3
　　第四节　果品采购原则 3
　　第五节　果品采购方式 4
　　第六节　果品采购渠道 4
　　第七节　果品采购时间 5
　　第八节　果品采购质量要求 5
　　第九节　果品采购合同 8
第三部分　供应商管理 10
　　第一节　供应商调查 10
　　第二节　供应商开发流程 11
　　第三节　供应商管理 11
　　第四节　供应商选择 12

图 2-15　目录设计

（3）正文设计示例（部分页面如图 2-16 所示）。

图 2-16　正文设计示例

（4）含有表格和图片的页面示例（如图 2-17 所示）。
（5）含有流程图和组织结构图的页面示例（如图 2-18 所示）。

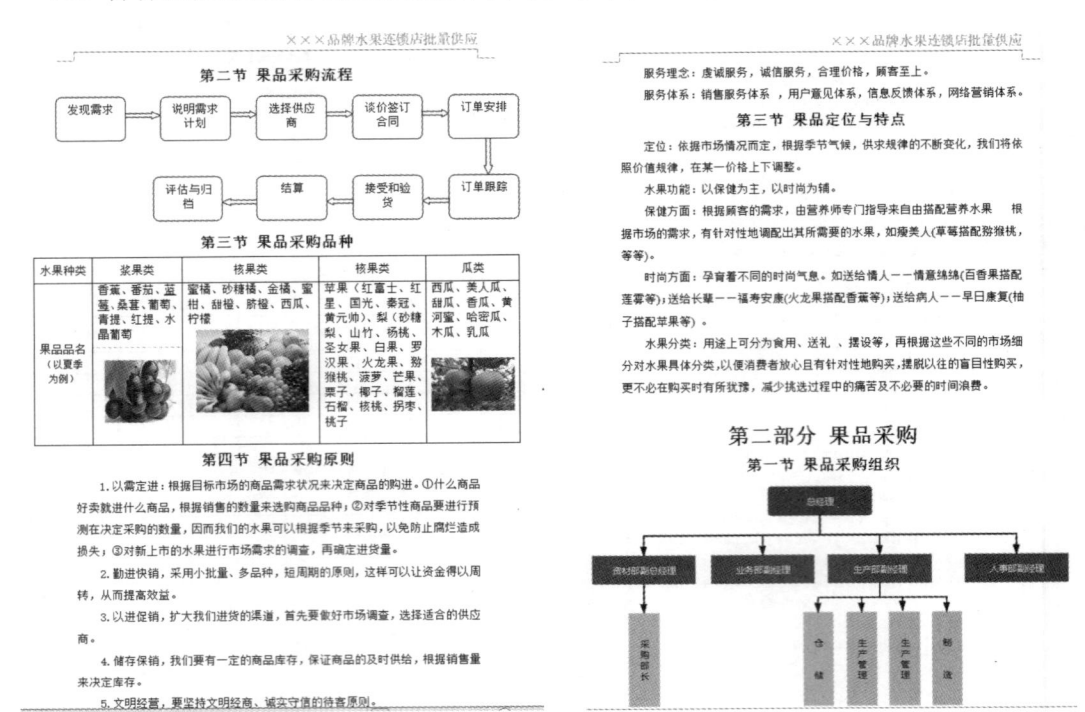

图 2-17　含有表格和图片的页面　　　　图 2-18　含有流程图和组织结构图的页面

二、制订工作计划（见表 2-9）

表 2-9　工作计划

小组成员任务分工	工作职责
小组组长	小组成员工作安排及行动指挥
小组成员	搜集、整理资料
	采购方案结构内容设计
	采购方案封面设计
	采购方案内容录入、表格制作
	采购方案 Visio 图形制作
	采购方案格式、目录设置
	采购方案校对及修改
	采购方案打印
	采购方案成果展示及验收

备注：小组成员分工可由组长根据任务进度安排由一人或多人完成，组长应该保证小组内的每一位成员在每个时间段均有工作任务，既要锻炼成员间的团队合作能力，又要让小组中的每位成员都能独立完成这项工作任务。

学习活动三　实施作业

【活动目标】

1. 能通过人员合作搜集整理资料并完成采购方案的制作。
2. 能对采购方案文稿进行审核校对。
3. 能完成采购方案封面设计。
4. 能完成采购方案正文排版。
5. 能完成采购方案页面布局设置。

【建议学时】

8学时

【学习过程】

一、资料收集

将上网搜集到的采购方案进行整理，学习其排版设计的特点，并将可以借用的排版方式、表现方法做简单归纳。

二、采购方案的制作

1. 设置采购方案的页面布局。文档的页面布局包括纸张大小、纸张方向、页边距、装订线、页眉、页脚、页码等内容。根据工作计划正确完成标书的页面设置。

2．采购方案封面的设计与制作。根据搜集到的标书封面效果图及图片素材，按照计划的格式要求，制作封面（可以结合样稿进行设计）。记录封面制作中所用到的文本框、艺术字、图形、图片的格式设置。

3．采购方案正文的排版。采购方案正文主要包括采购项目、采购物质明细及金额、质量及技术要求、采购方式、采购合同等。由于不同客户的具体要求有所不同，因此在内容的设置上会有所区别。根据需求搜集材料，处理文字信息，根据任务方案，对正文文字进行设置。

在采购方案的制作过程中，有些信息如果仅用文字很难表述清楚，所以加入适当的图形、图片、表格等元素，会使标书看起来更直观易懂。写出所制作的标书里运用的元素。

采购方案中元素添加：
图形个数＿＿＿＿＿＿＿＿＿＿＿＿　　图片个数＿＿＿＿＿＿＿＿＿＿＿＿
表格个数＿＿＿＿＿＿＿＿＿＿＿＿　　Visio结构图个数＿＿＿＿＿＿＿＿＿＿＿＿
其他元素＿＿＿＿＿＿＿＿＿＿＿＿
简要记录各个元素分别采用了哪种排版方式和格式设置。

4．采购方案目录的制作。采购方案内容一般很多，为了使采购方案的内容查看得更加轻松，正文前一般需要加上目录。按照前面活动设计的格式要求和所学的目录制作方法完成目录的制作。

三、打印输出

核对已设置好的格式采购方案，进行打印预览，再通过打印机打印输出初稿。可将文稿中彩色部分用彩色打印机打印，其余部分用黑白打印机打印。

四、记录问题及解决方法

将以上操作过程中遇到的问题及相应的解决措施记录在下表2-10中。

表 2-10 遇到的问题及相应的解决措施

操作过程中遇到问题	具体解决措施

五、填写工作日志（见表 2-11）

表 2-11 工作日志

序号	日期	时间	具体工作内容	指导教师意见
1				
2				
3				
4				
5				
6				
7				
8				

学习活动四 质量检查与验收

【活动目标】

1. 能检查核对内容与格式的正确性。
2. 能根据相关部门的修改意见对文稿进行修改。
3. 能按照工作流程交付主管确认验收。

【建议学时】

4 学时

【学习过程】

一、质量检验

1. 检查校对打印出来的标书,并根据项目要点完成《质量检测评价表》(见表 2-12)。

表 2-12 质量检查表

序号	检查项目	根据完成情况在相应选项位置打"√"	整改措施
1	录入数据正确率	□100%　　　　□100%以下	
2	图形、图片、表格、艺术字及 Visio 组织结构图等元素的应用	□使用图片　　　□使用图形 □使用表格　　　□使用艺术字 □使用 Visio 组织结构图 □项目符号和标号 □图片等元素经处理后使用 □图片等元素正确对齐 □图片等元素版式统一 □未使用图片及其他元素	
3	文字信息的设置	□文本设置标题级别层次分明 □同级别文稿格式设置统一 □同级别文稿段落设置统一 □未对文本进行格式设置	
4	目录的制作	□自动生成目录 □手动生成目录 □目录能更新 □目录格式设置合理 □未正确生成目录	
5	排版情况	□设置页眉、页脚 □设置页码 □设置页面纸张、方向 □设置装订线 □设置页边距	

2. 根据上表的检查结果,针对发现的问题及提出的整改措施对采购方案进行修改,修改后再次校对直至无错误。

二、交接验收

根据模拟的任务工作情境以角色扮演形式进行解说。展示采购方案的完成效果，核对任务要求，完成交接验收，并如实填写验收表（见表2-13）。

表2-13 验收表

验收项目	项目验收要求	第一次验收	第二次验收
封面	1. 封面设计整齐美观 2. 封面项目设计合理 3. 封面符合客户需求	□通过 □未通过 整改措施：	□通过 □未通过
目录	1. 目录采用自动生成或手动生成 2. 目录格式进行了设置 3. 目录格式设置合理 4. 目录页号和正文内容一致	□通过 □未通过 整改措施：	□通过 □未通过
正文	1. 标题级别设置合理 2. 标题级别格式设置符合标书要求 3. 采购方案正文格式设置符合标书要求 4. 采购方案中元素添加合理	□通过 □未通过 整改措施：	□通过 □未通过
排版情况	1. 页面设计符合要求 2. 页眉、页脚设置符合要求 3. 打印效果好	□通过 □未通过 整改措施：	□通过 □未通过
客户检查情况	□合格 □不合格 □较好，待改进	客户签字：	客户签字：

三、总结评价

在教师的指导下以自我评价、小组评价和教师评价三种方式对自己和他人在本学习任务中的表现进行客观评价（见表2-14）。

表2-14 考核评价表

班级			学号			姓名		
评价项目	评价标准		评价方式			权重	得分小计	总分
			自我评价	小组评价	教师评价			
职业素养与关键能力	1．能规范执行安全操作规程； 2．能自觉参与小组讨论，进行交流； 3．积极主动，勤学好问； 4．能清晰、准确表达					40%		
专业能力	1．能熟练完成表格的制作及设置； 2．能完成图形、图片、文本框、艺术字等元素的添加及设置； 3．能完成Visio组织结构图的绘制； 4．能熟练完成页面相关参数的设置； 5．能根据大纲级别要求完成目录制作和设置； 6．具备图文混排编辑的能力					60%		
综合等级			指导教师签名			日期		

考核评价表填写说明：

1．各项评价采用10分制，根据符合评价标准的程度进行客观的打分。

2．得分小计按以下公式计算：

得分小计=（自我评价×20%+小组评价×30%+教师评价×50%）×权重。

3．综合等级按以下四个级别标准进行填写：

A（9≤总分≤10）、B（7.5≤总分<9）、C（6≤总分<7.5）、D（总分<6）。

学习任务三　企业固定资产台账录入与排版

【任务目标】

1. 能通过与其他相关业务部门人员的专业沟通明确工作任务。
2. 能描述 Excel 2010 软件功能和操作界面各部分的作用。
3. 能熟练操作 Excel 2010 并完成文本、数据的录入。
4. 能熟练操作 Excel 2010 的统计运算功能。
5. 能完成 Excel 2010 表格格式设置、页面设置及打印等操作。
6. 能对录入信息的正确性进行审核、校对。
7. 能填写作品评价，并完成质量检查及验收。

【建议学时】

32 学时

【工作情景描述】

为加强企业固定资产管理，固定资产管理办小刘联合财务部会计小李进行了详尽的财产清查，并完成企业固定资产台账的录入、排版和统计。

固定资产管理办小刘从主管处获取工作任务单，与企业财务部沟通了解到企业固定资产台账的编制要求，并进行实地盘点。制订相应编制计划，设计表格，录入信息，核对信息与格式无误后，交付固定资产管理办主管审核，填写工作日志。

【工作流程与活动】

学习活动一　明确任务和知识准备
学习活动二　制订编制计划
学习活动三　实施作业
学习活动四　质量检查与验收

学习活动一 明确任务和知识准备

【活动目标】

1. 能通过与其他相关业务部门人员的专业沟通明确工作任务。
2. 能描述 Excel 2010 软件功能和操作界面各部分的作用。
3. 能熟练操作 Excel 2010 并完成文本、数据的录入。
4. 能完成 Excel 2010 单元格格式设置。
5. 能完成 Excel 2010 表格页面设置及打印等操作。

【建议学时】

22 学时

【学习过程】

一、明确工作任务

1. 根据工作情境描述，模拟实际场景与企业财务部相关人员进行沟通交流，搜集相关数据，明确本次录入企业固定资产台账需注意事项。

2. Excel 2010 是 Microsoft 公司推出的一款优秀电子表格制作软件，请搜集资料，分析并填写 Excel 2010 的主要功能和应用领域，见表 3-1。

表 3-1　Excel 2010 的主要功能和应用领域

功能	应用领域

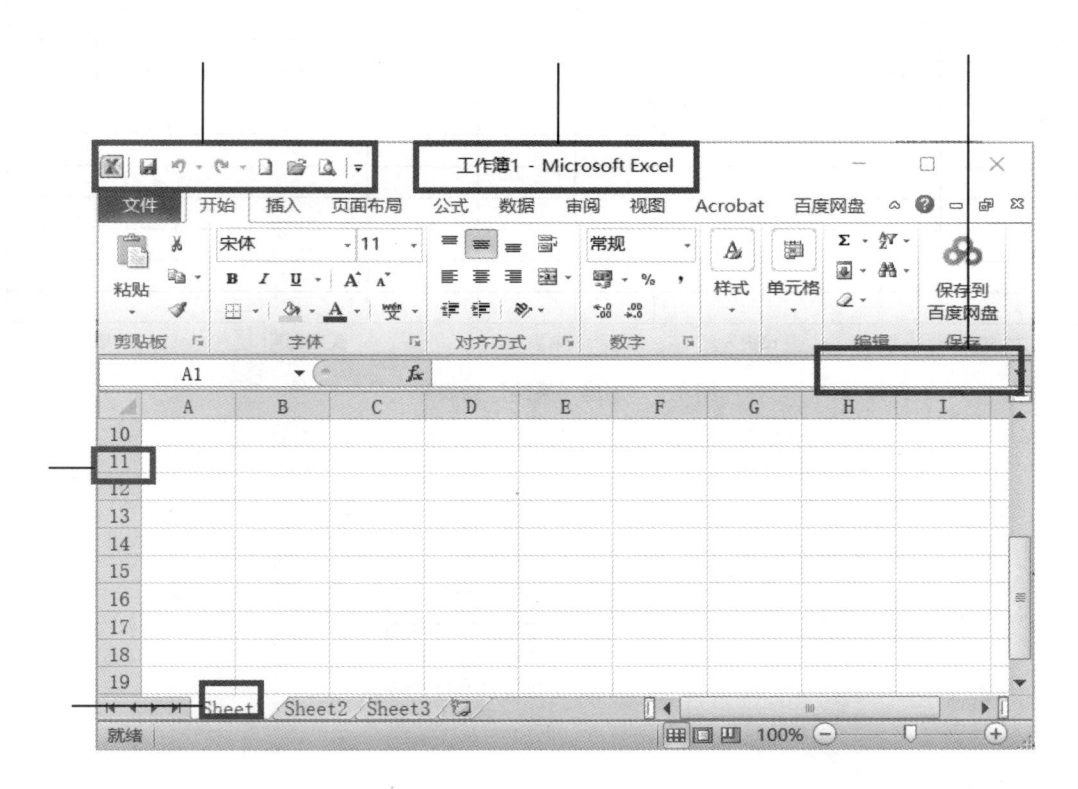

二、认识 Excel 2010 操作界面

选择"开始"→"所有程序"→"Microsoft Excel 2010"菜单，可启动 Excel 2010。启动 Excel 2010 后，操作界面如图 3-1 所示，请根据图示将相应的名称填写到对应的括号中。

图 3-1　Excel 2010 操作界面

三、Excel 2010 基本操作

完成以下操作：

1. 利用模板，创建一个基于《采购计划表》模板的工作簿（如图 3-2 所示），并将其命名为"采购计划表.xlsx"（如图 3-3 所示）。

2. 利用互联网查询添加工作表的不同方法，添加 sheet1 和 sheet2 两张新工作表（如图 3-4 所示）。

◇◇ 办公文稿制作

	A	B	C	D	E	F	G	H	I	J
1	附件1									
2			采 购 计 划 表							
3										
4	单位名称（盖章）：									单位：元
5	采购目录 （品目名称）	规格要求	数量	单价	总价	资金来源				需求时间
6										
7	1	2	3	4	5=3×4	6				10
8										
9										
10										
11										
12										
13										
14										
15										
16										
17										
18										
19										
20	单位主管领导：		负责人：		填表人：		联系电话：			填表日期：

图 3-2　创建《采购计划表》

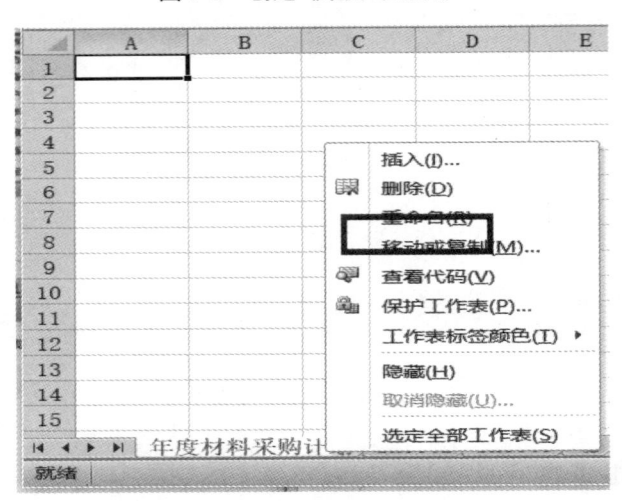

图 3-3　重命名

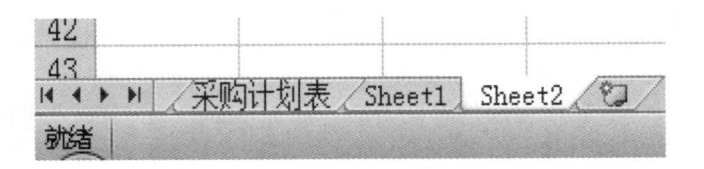

图 3-4　添加工作表

68

3. 隐藏 sheet2 工作表（效果如图 3-5 所示）。

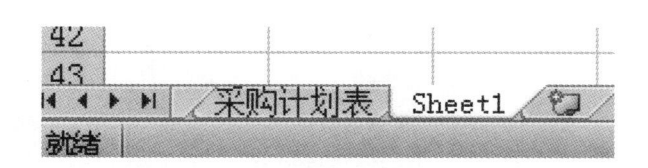

图 3-5　隐藏 sheet2 工作表

4. 利用工作表标签快捷菜单，复制一张名为《季度材料采购计划表》的工作表（如图 3-6 所示）。

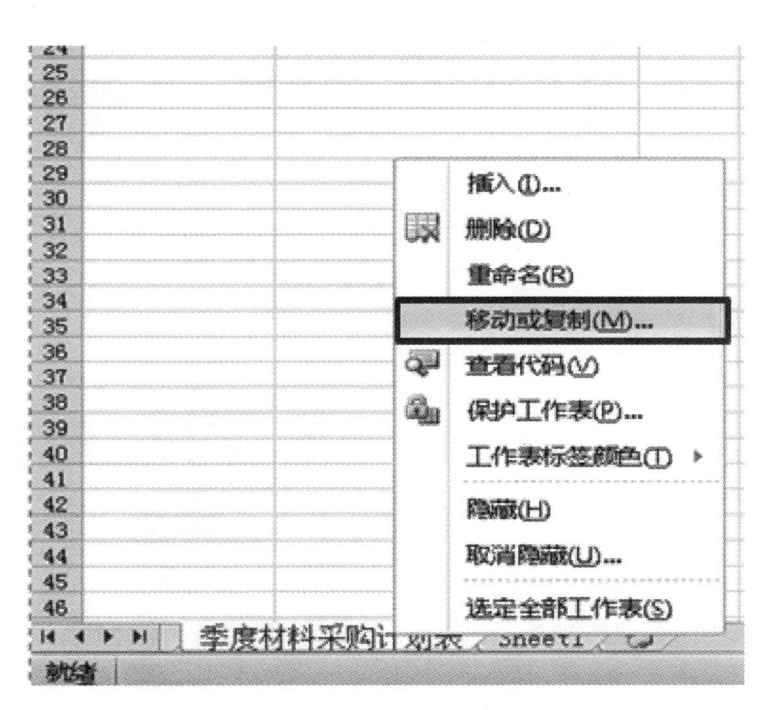

图 3-6　复制工作表

5. 将复制后的《季度材料采购计划表》的工作表重命名为《年度材料采购计划表》的工作表。
6. 将《年度材料采购计划表》工作表标签颜色设置为橙色（如图 3-7 所示）。

◇◇ 办公文稿制作

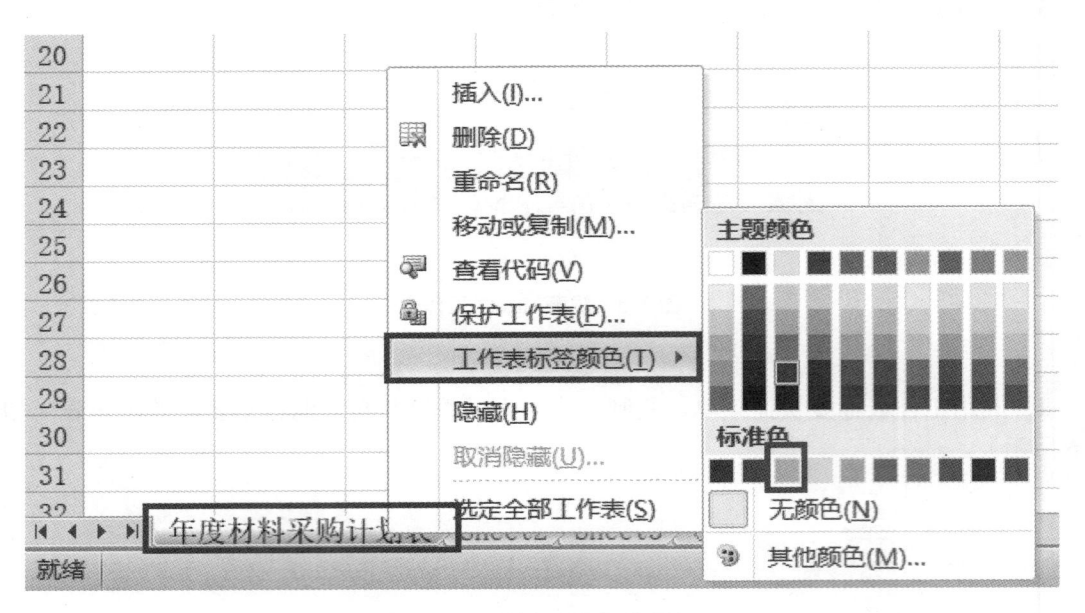

图 3-7　标签颜色设置为橙色

7. 删除 sheet1 工作表（如图 3-8 所示）。

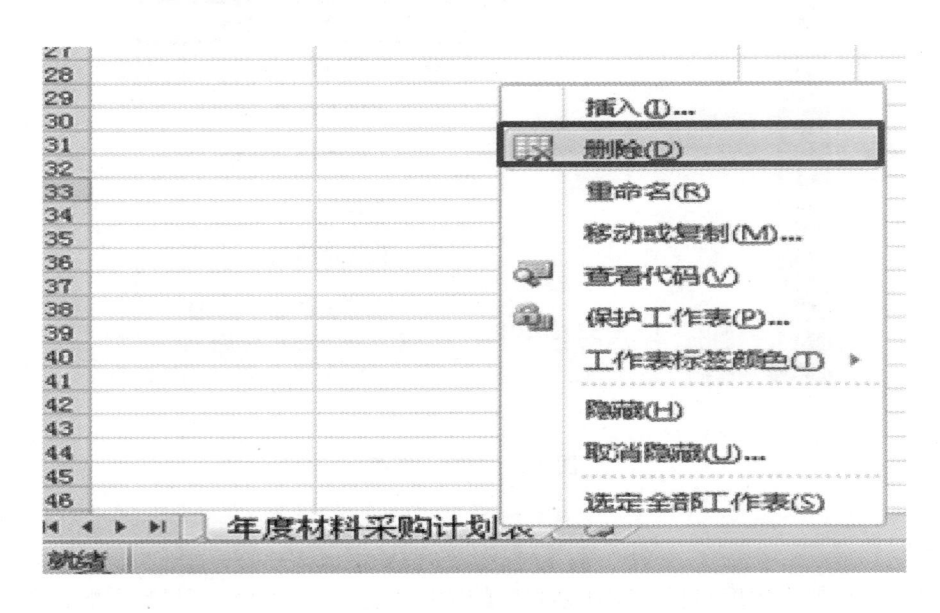

图 3-8　删除 sheet1 工作表

8. 在该文件中设置工作簿的窗口保护，密码为"008"，保存文件（如图 3-9 所示）。

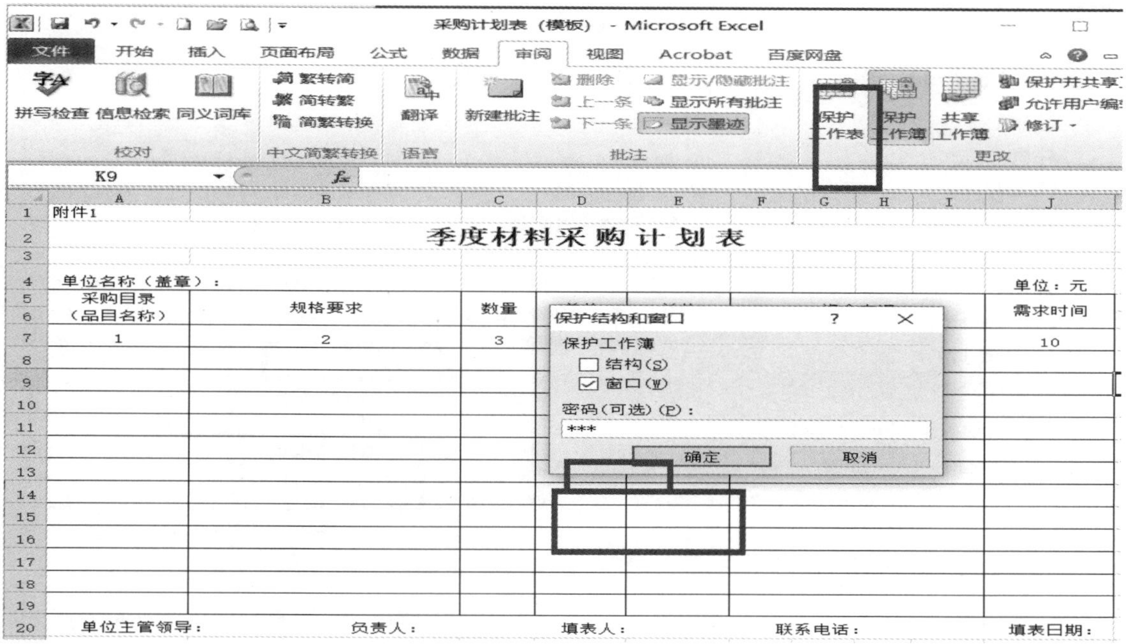

图 3-9 设置工作簿的窗口保护

（1）Excel 2010 工作簿中单元格的名称是由_____组成。
（2）单元格是工作表的_____，是 Excel 2010 中处理信息的_____。
（3）Excel 2010 中保存工作簿，可按_____组合键。关闭工作簿，可按_____组合键。
（4）Excel 2010 工作簿默认的扩展名为_____。
（5）工作表中的行以_____进行编号，列以_____进行编号。
（6）为保护企业的机密，用户可以对工作簿设置打开权限密码或修改密码（如图 3-10 所示）。具体的操作方法是：打开需要保存的 Excel 表格，单击"文件"菜单下的"另存为"选项，在弹出的"另存为"对话框中选择"工具"选项下拉菜单中的"常规选项"并进行相关密码的设置。

四、数据录入与编辑

回答引导问题，然后完成如下操作任务。

在 Excel 2010 中，新建一个名为"员工工资表.xlsx"的空白工作簿，在 Sheet1 工作表中录入如图 3-11 所示的内容，保存文件。

◇◇ 办公文稿制作

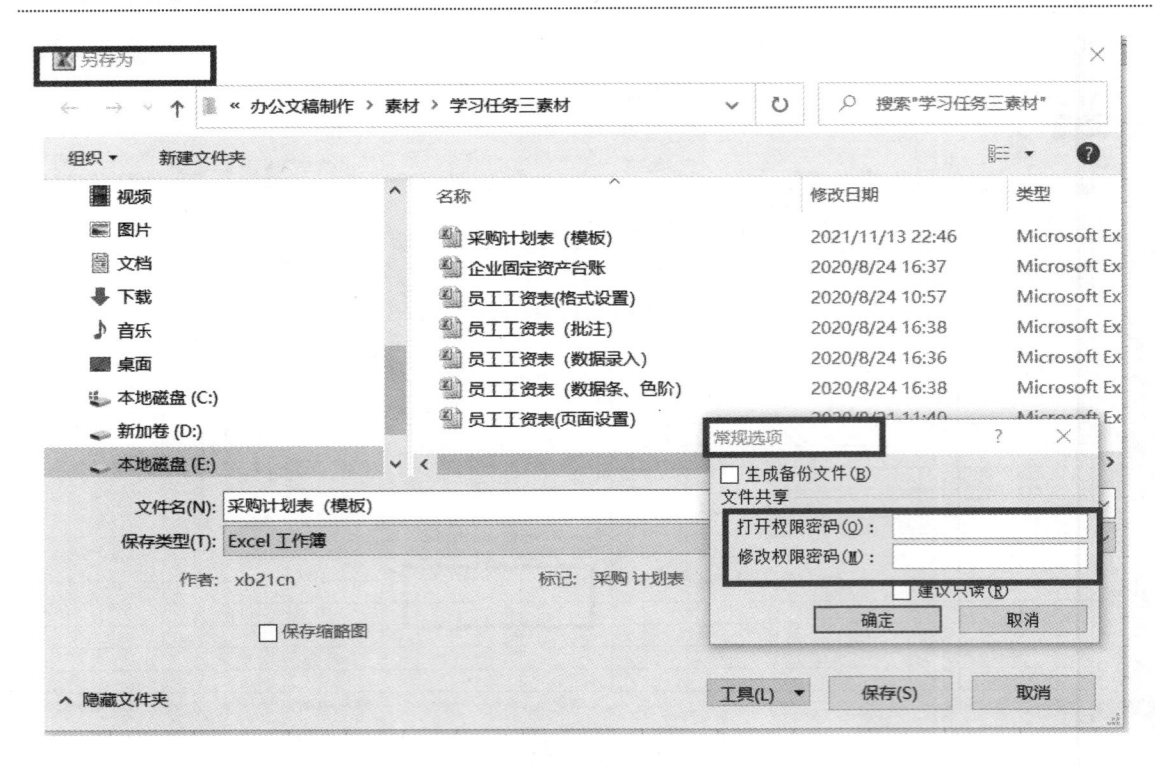

图 3-10 设置打开权限密码或修改密码

	A	B	C	D	E	F	G	H	I	J	K
1	员工工资表										
2	姓名	基本工资	薪级工资	岗位津贴	奖金	工龄补贴	其他补贴	养老金	医保金	失业保险金	应发合计
3	杨右使	2,700	150	700	210	20	30	88	22	11	
4	陈一习	2,950	100	600	180	20	30	86	25	11	
5	何里	2,850	120	750	225	30	45	88	26	11	
6	成仁	2,700	160	740	222	40	60	88	27	11	
7	黄晨	2,780	200	800	240	50	75	120	21	11	
8	方一	2,790	220	720	216	10	15	88	23	11	
9	议程	2,700	230	700	210	20	30	88	29	11	
10	陈耕	2,950	250	800	240	20	30	100	30	11	
11	陈尖	2,700	240	650	195	30	45	88	40	11	
12	吴中	3,000	120	500	150	40	60	88	41	11	
13	三顺	2,780	150	400	120	60	90	88	42	11	
14	杨方	2,750	150	450	135	70	105	130	55	11	
15	张好	2,700	120	500	150	80	120	88	62	11	
16	陈明	2,950	150	450	135	90	135	88	32	11	
17	马可	3,000	110	600	180	20	30	109	52	11	
18	吴文	3,100	120	800	240	40	60	112	70	11	
19	陈佳	3,400	160	900	270	60	90	88	16	11	
20	吴用	2,720	180	950	285	100	150	113	25	11	
21	宋江	2,690	120	1200	360	100	150	88	23	11	
22	林冲	2,650	110	600	180	20	30	90	22	11	
23	彭江仁	2,700	110	740	222	30	45	88	22	11	

图 3-11 输入数据

1. 在 Excel 2010 中，工作表是由以单元格为单位的行和列组成的，单元格是存放具体数据的基本单位，大部分操作都是围绕单元格展开的。见表 3-2 中写出选定单元格的操作方法。

表 3-2　选定单元格的操作方法

单元格选择方式	具体操作方法
选择单一单元格	
选择相邻的单元格区域	
选择不相邻的单元格区域	
选择整行	
选择整列	
选择表格中所有单元格	

2. Excel 2010 工作表主要包括了许多单元格，这些单元格就是用来存放数据的。数据的类型主要有文本、数字、日期、时间、货币、公式和函数等。其实处理电子表格就是处理单元格内的各种数据。因此，数据输入与编辑是最基本、最重要的操作之一。搜集资料并实际尝试不同数据类型的输入。

3. 如输入的数值类型为电话号码、居民身份证号码、负数、分数、前面带 0 的数字、日期、时间应如何操作，查阅资料并进行尝试（见表3-3）。

表 3-3　输入数据实例

输入内容	具体输入实例	实际显示结果	具体解决方法
电话号码	13471030726		
居民身份证号码	450105199305200109		
负数	-7		
分数	1/4		
前面带 0 的数字	020		
日期	1986 年 4 月 19 日		
时间	21：08		

4. 查询资料并实际尝试在 Excel 2010 中删除、插入行和列（见表3-4）。

表 3-4　删除、插入行和列操作方法

任务内容	具体操作方法
删除行或列	
插入行和列	

5. 查询资料并实际尝试在 Excel 2010 中精确调整行高和列宽（见表 3-5）。

表 3-5　精确调整行高和列宽操作方法

任务内容	具体操作方法
精确调整行高	
精确调整列宽	

6. 查询资料并实际尝试利用自动填充功能在 Excel 2010 中输入内容相连或有规律的数据，如"第一季度、第二季度……""星期一、星期二、星期三……"等（如图 3-12 所示）。

图 3-12　输入有规律的数据

五、表格格式设置

在 Excel 2010 中打开《员工工资表》进行如下操作：

1. 将《员工工资表》标题字体设置为隶书，字号 20，行高 25。
2. 将表格中标题区域 A1：K1 合并居中。
3. 将表格内容设置为宋体，11 号字，单元格格式为水平居中对齐，行高 20，列宽为 7。
4. 在"开始"功能区"样式"组的"套用表格格式"中为 sheet1 工作表设置表格格式为"浅色 10"。
5. 利用互联网自行搜索一张图片，在"页面布局"功能区"页面设置"组的"背景"中将该图片设定为工作表背景。
6. 为表格设置条件格式：基本工资高于 2,800 元的，显示为红色文本。
7. 表格边框设置要求：有内外边框，外边框线为粗实线，内边框线为细实线。

完成效果如下图 3-13 所示。

（1）请尝试通过"设置单元格格式"对话框（如图 3-14 所示）中的"对齐"选项卡对工作表中的数据进行格式设置，以达到美化工作表的效果。

学习任务三　企业固定资产台账录入与排版

员工工资表

姓名	基本工资	薪级工资	岗位津贴	奖金	工龄补贴	其它补贴	养老金	医保金	失业保险	应发合计
杨右使	2700	150	700	210	20	30	88	22	11	
陈一习	2950	100	600	180	20	30	86	25	11	
何里	2850	120	750	225	30	45	88	26	11	
成仁	2700	160	740	222	40	60	88	27	11	
黄晨	2780	200	800	240	50	75	120	21	11	
方一	2790	220	720	216	10	15	88	23	11	
议程	2700	230	700	210	20	30	88	29	11	
陈耕	2950	250	800	240	20	30	100	30	11	
陈尖	2700	240	650	195	30	45	88	40	11	
吴中	3000	120	500	150	40	60	88	41	11	
三顺	2780	150	400	120	60	90	88	42	11	
杨方	2750	150	450	135	70	105	130	55	11	
张好	2700	120	500	150	80	120	88	62	11	
陈姿	2950	150	450	135	90	135	88	32	11	
马可	3000	110	600	180	20	30	109	52	11	
昊文盲	3100	120	800	240	40	60	112	70	11	
陈佳	3400	160	900	270	60	90	88	16	11	
吴用	2720	180	950	285	100	150	113	25	11	
宋江	2690	120	1200	360	100	150	88	23	11	
林冲	2650	110	600	180	20	30	90	22	11	
彭江仁	2700	110	740	222	30	45	88	22	11	

图 3-13　完成的效果

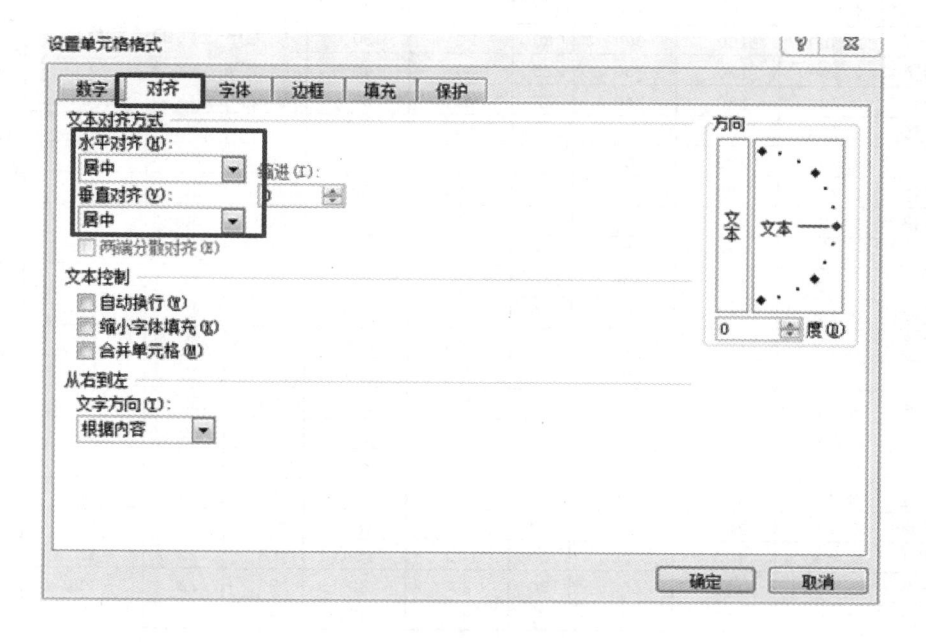

图 3-14　"设置单元格格式"对话框

◇◇ 办公文稿制作

（2）合并单元格是指将相邻的单元格合并为一个单元格。在进行合并单元格操作时，若在列表中选择"合并单元格"项，合并后单元格中的文字不居中对齐，若选择"跨越合并"项，会将所选单元格按行合并。要想将合并后的单元格拆分开，只需选中该单元格，然后再次单击"合并后居中"按钮即可（如图 3-15 所示）。请尝试并观看操作效果（如图 3-16 所示）。

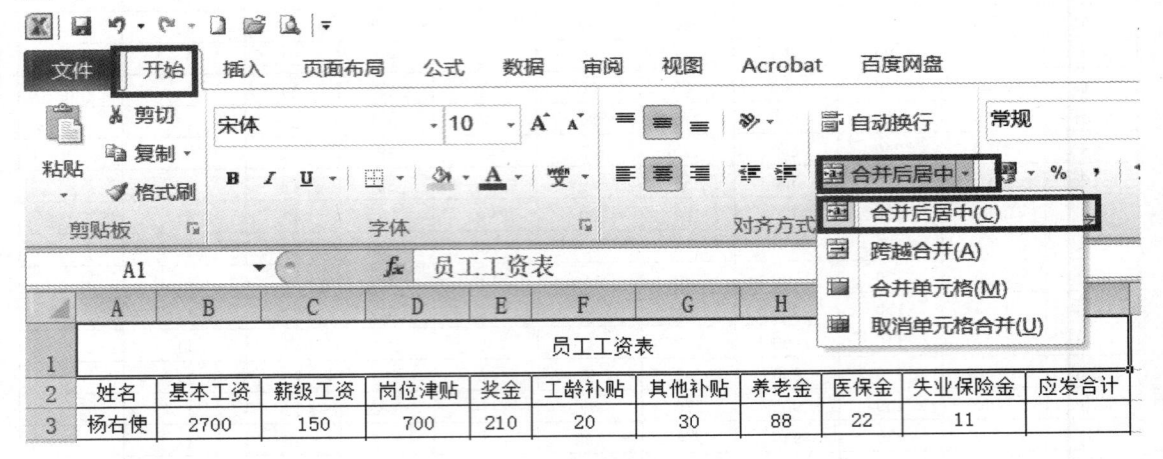

图 3-15 "合并后居中"按钮

图 3-16 合并操作效果

（3）为了使表格的内容更加清晰明了，可以通过边框按钮 为表格添加边框（如图 3-17 所示和如图 3-18 所示）。此外，通过为某些单元格添加底纹，可以衬托或强调这些单元格中的数据，同时使得表格更加美观。请查询相关文件并通过互联网进行检索，找到相关命令的位置并进行实际操作。

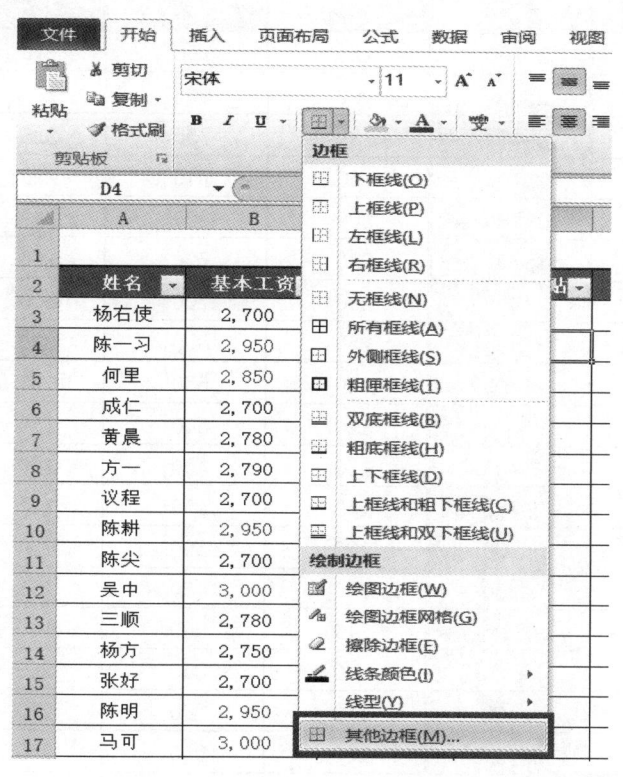

图 3-17 为表格添加边框

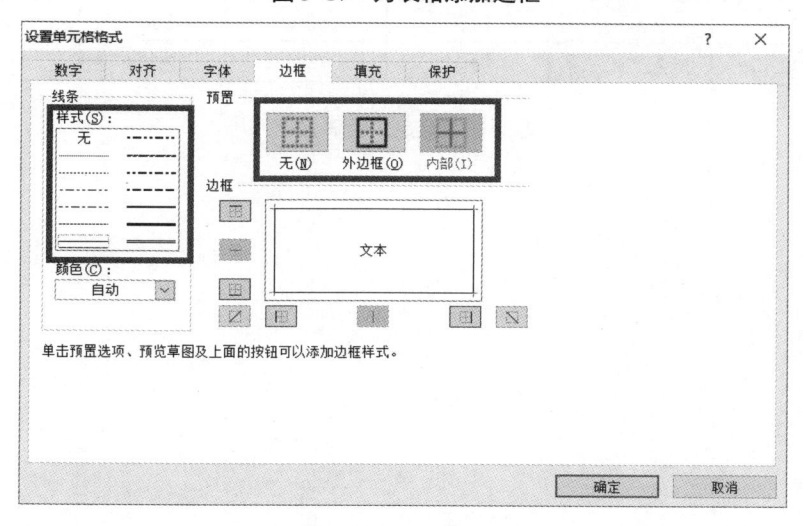

图 3-18 边框设置

◇◇ 办公文稿制作

（4）参考下图（如图 3-19 所示至如图 3-22 所示）完成相应操作并简述具体的操作步骤：在《员工工资表》"文件中利用条件格式功能把基本工资高于 2800 元的，显示为红色文本。

2	姓名	基本工资	薪级工资	岗位津贴	奖金	工龄补贴
3	杨右使	2,700	150	700	210	20
4	陈一习	2,950	100	600	180	20
5	何里	2,850	120	750	225	30
6	成仁	2,700	160	740	222	40
7	黄晨	2,780	200	800	240	50
8	方一	2,790	220	720	216	10
9	议程	2,700	230	700	210	20
10	陈耕	2,950	250	800	240	20
11	陈尖	2,700	240	650	195	30
12	吴中	3,000	120	500	150	40
13	三顺	2,780	150	400	120	60
14	杨方	2,750	150	450	135	70
15	张好	2,700	120	500	150	80
16	陈明	2,950	150	450	135	90
17	马可	3,000	110	600	180	20
18	吴文	3,100	120	800	240	40
19	陈佳	3,400	160	900	270	60
20	吴用	2,720	180	950	285	100
21	宋江	2,690	120	1,200	360	100
22	林冲	2,650	110	600	180	20
23	彭江仁	2,700	110	740	222	30

图 3-19 选定工资表数据

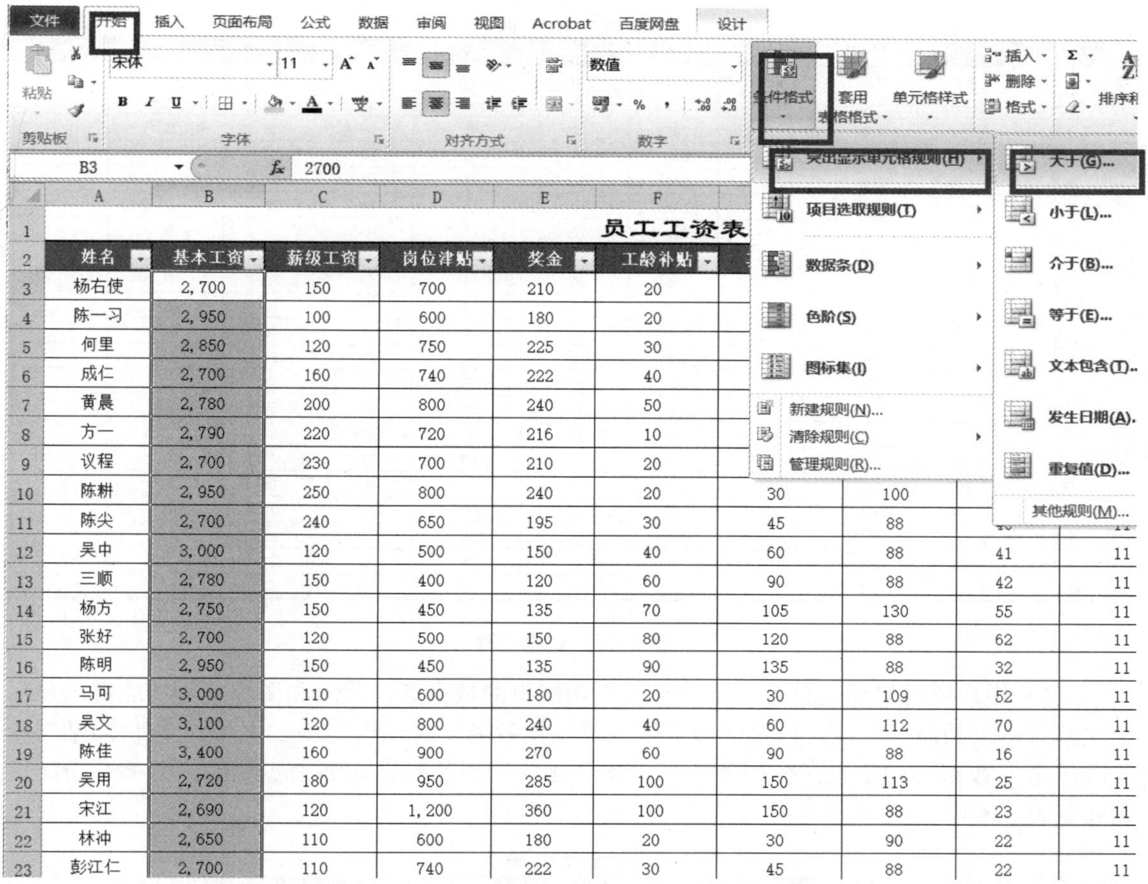

学习任务三 企业固定资产台账录入与排版

图 3-20 条件设置

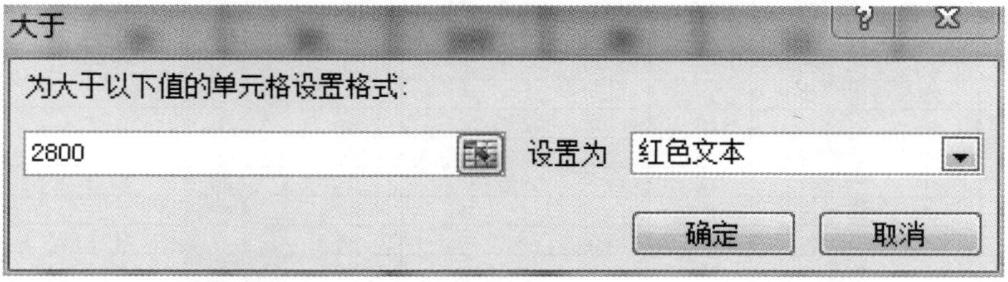

图 3-21 条件显示

◇◇ 办公文稿制作

姓名	基本工资	薪级工资	岗位津贴	奖金	工龄补贴	其他补贴	养老金	医保金	失业保险金	应发合计
杨右使	2,700	150	700	210	20	30	88	22	11	
陈一习	2,950	100	600	180	20	30	86	25	11	
何里	2,850	120	750	225	30	45	88	26	11	
成仁	2,700	160	740	222	40	60	88	27	11	
黄晨	2,780	200	800	240	50	75	120	21	11	
方一	2,790	220	720	216	10	15	88	23	11	
议程	2,700	230	700	210	20	30	88	29	11	
陈耕	2,950	250	800	240	20	30	100	30	11	
陈尖	2,700	240	650	195	30	45	88	40	11	
吴中	3,000	120	500	150	40	60	88	41	11	
三顺	2,780	150	400	120	60	90	88	42	11	
杨方	2,750	150	450	135	70	105	130	55	11	
张好	2,700	120	500	150	80	120	88	62	11	
陈明	2,950	150	450	135	90	135	88	32	11	
马可	3,000	110	600	180	20	30	109	52	11	
吴文	3,100	120	800	240	40	60	112	70	11	
陈佳	3,400	160	900	270	60	90	88	16	11	
吴用	2,720	180	950	285	100	150	113	25	11	
宋江	2,690	120	1,200	360	100	150	88	23	11	
林冲	2,650	110	600	180	20	30	90	22	11	
彭江仁	2,700	110	740	222	30	45	88	22	11	

图 3-22 输出结果

（5）用户还可以通过使用"条件格式"功能里的数据条、色阶和图标集等功能突出显示相关单元格，强调异常值，以及实现数据的可视化效果。请判断图 3-23 中的"岗位津贴"和"医保金"数据列的效果是分别使用了"条件格式"中的什么功能来实现的，并将判断结果填写见表 3-6 中。

姓名	基本工资	薪级工资	岗位津贴	奖金	工龄补贴	其他补贴	养老金	医保金	失业保险金	应发合计
杨右使	2,700	150	700	210	20	30	88	22	11	
陈一习	2,950	100	600	180	20	30	86	25	11	
何里	2,850	120	750	225	30	45	88	26	11	
成仁	2,700	160	740	222	40	60	88	27	11	
黄晨	2,780	200	800	240	50	75	120	21	11	
方一	2,790	220	720	216	10	15	88	23	11	
议程	2,700	230	700	210	20	30	88	29	11	
陈耕	2,950	250	800	240	20	30	100	30	11	
陈尖	2,700	240	650	195	30	45	88	40	11	
吴中	3,000	120	500	150	40	60	88	41	11	
三顺	2,780	150	400	120	60	90	88	42	11	
杨方	2,750	150	450	135	70	105	130	55	11	
张好	2,700	120	500	150	80	120	88	62	11	
陈明	2,950	150	450	135	90	135	88	32	11	
马可	3,000	110	600	180	20	30	109	52	11	
吴文	3,100	120	800	240	40	60	112	70	11	
陈佳	3,400	160	900	270	60	90	88	16	11	
吴用	2,720	180	950	285	100	150	113	25	11	
宋江	2,690	120	1,200	360	100	150	88	23	11	
林冲	2,650	110	600	180	20	30	90	22	11	
彭江仁	2,700	110	740	222	30	45	88	22	11	

图 3-23 "条件格式"功能

表3-6　判断结果

任务内容	具体应用功能
"岗位津贴"列数据效果	
"医保金"列数据效果	

（6）单元格批注是用于说明单元格内容的说明性文字，可以帮助用户了解该单元格的意义。请参考如图3-24所示和如图3-25所示实际尝试运用单元格批注功能。

图3-24　单元格批注

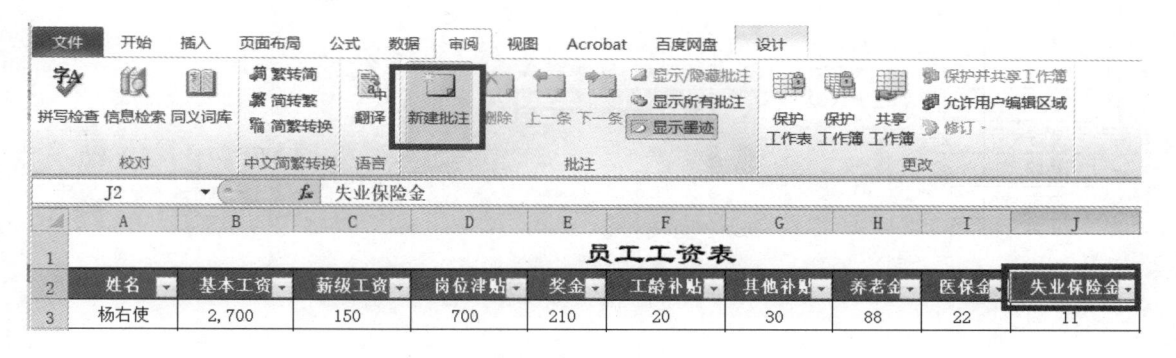

图3-25　新建批注

六、Excel 2010 页面设置及打印

Excel 2010 页面设置主要用于打印中，主要包括纸张方向、纸张大小、页边距等的设置。请回答以下问题并参考如图3-26所示和如图3-27所示完成相应的操作任务。

打开《员工工资表（格式设置）》，在"页面布局"选项卡中找到相应的命令，将工作表纸张大小设置为"A4"，纸张方向为"横向"，上、下、左、右页边距设置为"2厘米"。

◇◇ 办公文稿制作

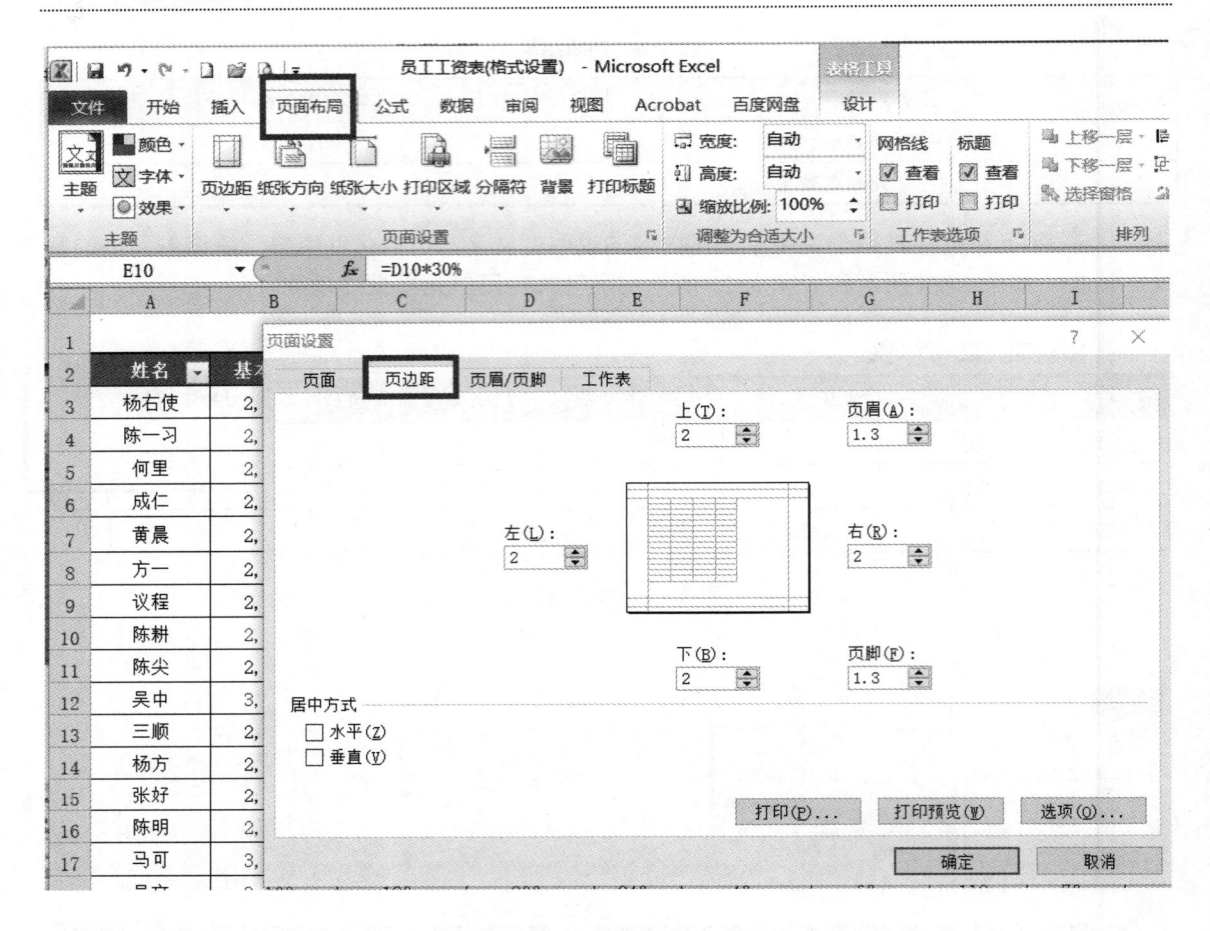

图 3-26 页边距

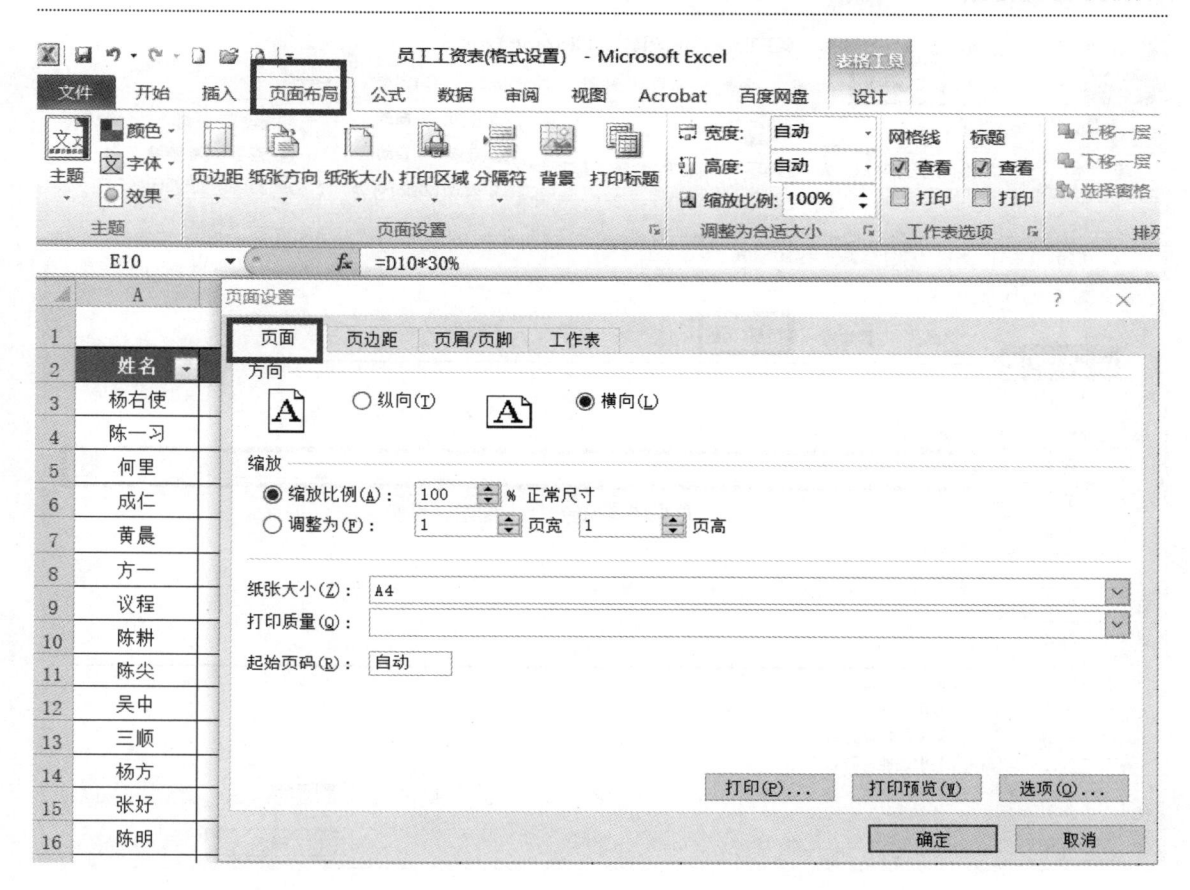

图 3-27 页面

在"插入"选项卡中单击"页眉和页脚"按键(如图 3-28 所示),在打开的页面布局视图中设置页眉为当前日期,靠右显示(如图 3-29 所示);在页脚中输入"作者、姓名"(可设置为学生姓名),靠右显示。设置后的页眉、页脚不显示在普通视图中,而在页面布局视图中可以看到(如图 3-30 所示和如图 3-31 所示)。

◇◇ 办公文稿制作

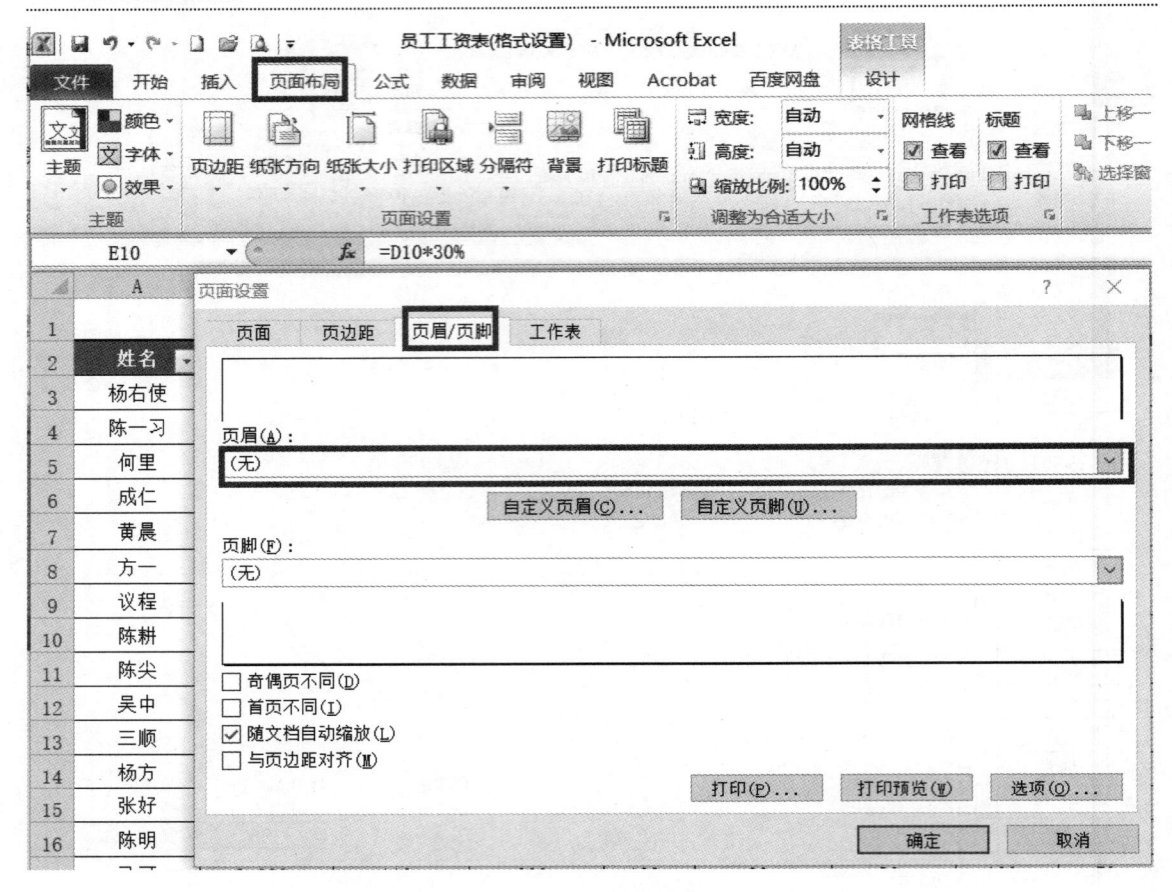

图 3-28　页眉和页脚

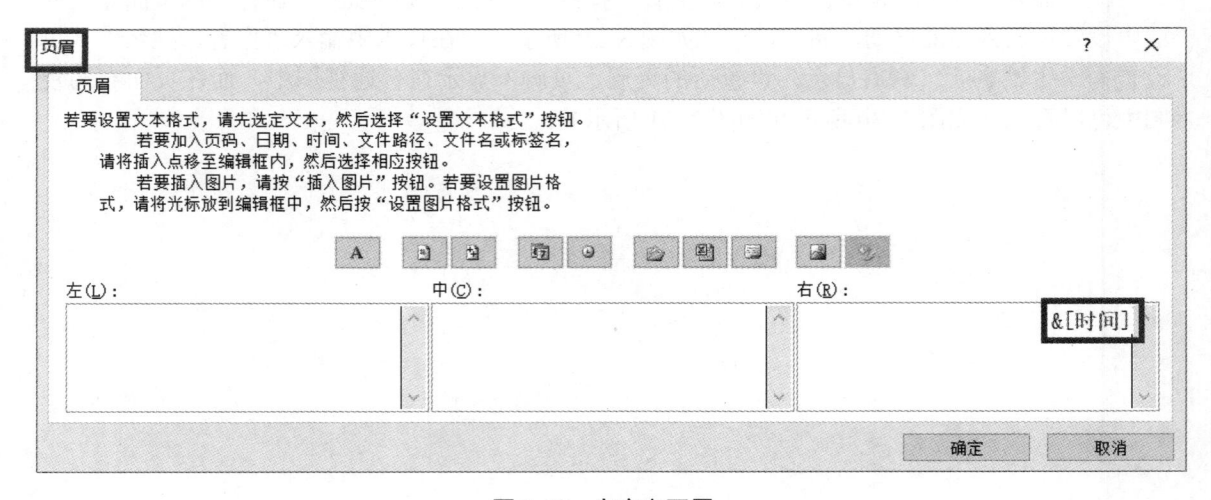

图 3-29　自定义页眉

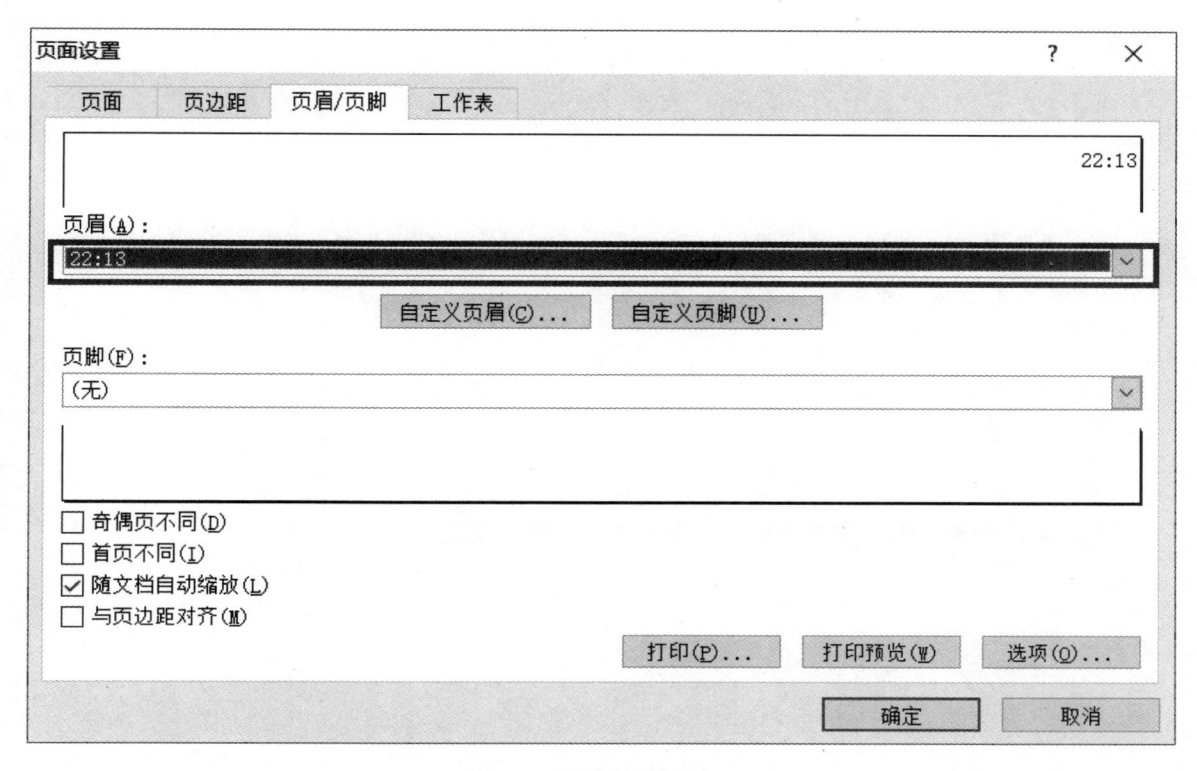

图 3-30　页眉时间格式

1．在表格设计中，需如何操作才能实现装订后的左侧页眉和右侧页眉内容不同？

2．应如何设置才能在装订后的左侧页面页眉处显示文件名，右侧页面页眉处显示日期，页脚处显示当前页码和总页数？

3．在打印时，如果需要打印多张工作表，除了一张张地选择打印外，是否还有其他操作方法？请简要描述。

4．当工作表内容较多需跨页打印时，应如何设置才能在每一页上都打印行或列标题？

5．如果需要打印工作表中某一区域的数据应如何设置？

学习活动二　制订计划

【活动目标】

1. 能根据需要确定企业固定资产台账录入和排版任务的工作目标和具体要求。
2. 能制订相应的工作计划。

【建议学时】

2学时

【学习过程】

一、确定企业固定资产台账内容格式要求

1. 利用互联网搜索企业固定资产台账的作用、记录的内容和应设置的项目，以及固定资产的定义及主要特点，搜集不同的企业固定资产台账的范本，根据任务描述，结合本企业的实际情况，设计出符合企业需求的台账结构。

（1）固定资产的定义和主要特点是什么？

（2）企业建立固定资产台账的目的是什么？

（3）企业固定资产台账应记录的内容和设置的项目主要有哪些？

2. 根据任务描述，设计本任务固定资产台账的格式（见表 3-7）（"完成情况"在下一学习活动中填写）。

表3-7 设置固定资产台账的格式

序号	固定资产台账组成部分	具体格式设置	完成情况
1	表格标题	字体： 字形： 字号： 行高： 对齐方式： 其他格式要求：	
2	表格内容	表格正文内容 字体： 字形： 字号： 行高： 对齐方式： 其他格式要求：	
3	表格页面设置	页眉格式 字体： 字形： 字号： 行高： 对齐方式： 其他格式要求： 页脚格式 字体： 字形： 字号： 行高： 对齐方式： 其他格式要求： 纸张大小： 纸张方向：	

3. 固定资产台账参考示例（见表3-8）。

表3-8　固定资产台账参考示例

_____固定资产台账

编制部门：

序号	资产分类	产品名称	型号	品牌	单价	数量	单位	登记日期	资产状态	使用部门	责任人	存放地点

主管审核：　　　　　　　编制人：　　　　　　　编制日期：

二、制订工作计划（见表3-9）

表3-9　工作计划

小组成员任务分工		工作职责
小组组长		小组成员工作安排及行动指挥
小组成员		搜集、整理资料
		企业固定资产台账结构内容设计
		企业固定资产台账数据录入
		企业固定资产台账格式设置及打印
		企业固定资产台账校对及修改
		企业固定资产台账成果展示及验收

备注：小组成员分工可由组长根据任务进度安排由一人或多人完成。组长应该保证小组的每一位成员在每个时间段均有工作任务，既要锻炼团队成员的合作能力，又要让小组中的每位成员都能独立完成这项工作任务。

学习活动三　实施作业

【活动目标】

1. 能通过人员合作搜集整理固定资产台账数据资料。
2. 能根据企业固定资产台账录入要求进行审核校对。
3. 能熟练完成企业固定资产台账表格中文本、数据的录入。
4. 能熟练运用格式工具对企业固定资产台账表格进行美化操作。
5. 能完成企业固定资产台账表格页面格式设置。

【建议学时】

4学时

【学习过程】

一、创建及保存电子表格

在 C 盘"办公文稿制作"文件夹中新建电子表格文件，命名为"企业固定资产台账.xlsx"。

二、数据录入及核对表格内容

1. 根据企业需要和制订的工作计划，完成企业固定资产台账相关信息的录入。
2. 根据录入要求，小组成员核对并对本组成员录入的错误数据进行统计。
本组错误数据共计（　　　　）项。

三、表格格式设置

根据任务要求和工作计划对"企业固定资产台账.xlsx"进行格式设置。将格式设置实现情况记录在上一活动的表格中。如顺利完成,则记录"完成";如还需对原设计进行调整,则需将调整的具体情况在表格中进行记录。

四、打印输出

核对已经设置好格式的"企业固定资产台账.xlsx",先打开打印预览,再通过打印机打印输出。

五、记录问题及解决方法

将以上操作过程中遇到的问题及相应的解决措施记录在见表 3-10 中。

表 3-10　遇到的问题及相应的解决措施

操作过程中遇到的问题	具体解决措施

六、填写工作日志(见表 3-11)

表 3-11　工作日志

序号	日期	时间	具体工作内容	指导教师意见
1				
2				
3				
4				
5				
6				
7				
8				

学习活动四 质量检查与验收

【活动目标】

1. 能正确检验企业固定资产台账的内容和格式。
2. 能根据相关部门的修改意见对企业固定资产台账表格进行修改。
3. 能够按照工作流程将企业固定资产台账交付主管确认验收。

【建议学时】

4学时

【学习过程】

一、质量检验

1. 检查校对打印出来的企业固定资产台账表格，并根据检查结果填写见表3-12。

表3-12 检查结果

序号	检查项目	根据完成情况在相应选项位置打"√"	整改措施
1	录入数据正确率	□100%　　　　□100%以下	
2	标题	□字体　□字号　□对齐方式 □字形　□文本效果	
3	表格内容	□字体　□字号　□对齐方式 □缩进方式　□行间距	
4	页眉、页脚	□字体　□字号　□对齐方式	
5	页面布局	□页边距　□纸型　□纸张方向	

2. 根据上表的检查结果，针对发现的问题及提出的整改措施对企业固定资产台账进行修改，修改后再次校对直至无错误。

二、交接验收

根据模拟的任务工作情境以角色扮演形式进行解说。展示企业固定资产台账的完成效果，核对任务要求，完成交接验收，并如实填写验收表（见表3-13）。

表3-13 验收表

验收项目	项目验收要求	第一次验收		第二次验收
企业固定资产台账文字、数据的正确性	正确率100%	□通过 □未通过		□通过 □未通过
		整改措施：		
企业固定资产台账标题设置	标题格式设置符合要求	□通过 □未通过		□通过 □未通过
		整改措施：		
企业固定资产台账表格内容	格式设置符合要求	□通过 □未通过		□通过 □未通过
		整改措施：		
企业固定资产台账页面设置	页面设置合理整体布局美观	□通过 □未通过		□通过 □未通过
		整改措施：		

三、总结评价

在教师的指导下以自我评价、小组评价和教师评价三种方式对自己和他人在本学习任务中的表现进行客观评价（见表3-14）。

表3-14 考核评价表

班级		学号		姓名			
评价项目	评价标准	评价方式			权重	得分小计	总分
		自我评价	小组评价	教师评价			
职业素养与关键能力	1. 能规范执行安全操作规程； 2. 能自觉参与小组讨论，进行交流； 3. 积极主动，勤学好问； 4. 能清晰准确地表达				40%		

续表

专业能力	1. 能正确使用 Excel 2010 的操作方法； 2. 能熟练使用 Excel 2010 并正确录入任务信息； 3. 能熟练使用 Excel 2010 对工作表进行编辑； 4. 能完成 Excel 2010 表格格式设置； 5. 能完成 Excel 2010 文档页面设置并进行打印			60%		
综合等级		指导教师签名		日期		

考核评价表填写说明：

1．各项评价采用 10 分制，根据符合评价标准的程度进行客观的打分。

2．得分小计按以下公式计算：

得分小计=（自我评价×20%+小组评价×30%+教师评价×50%）×权重。

3．综合等级按以下四个级别标准进行填写：

A（9≤总分≤10）、B（7.5≤总分<9）、C（6≤总分<7.5）、D（总分<6）。

学习任务四　产品进货单统计与分析

【任务目标】

1. 能通过与其他相关业务部门人员进行沟通明确工作任务。
2. 能描述 Excel 2010 公式的基本结构、功能，并能熟练使用公式进行运算。
3. 能熟练使用 Excel 2010 常用内部函数。
4. 能熟练创建和保存图表、设置和修改图表选项。
5. 能对数据表进行排序、筛选、分类汇总、合并计算。
6. 能对数据分析的正确性进行校对、审核。
7. 能填写工作日志，并完成质量检查及验收。

【建议学时】

24 学时

【工作情景描述】

为加强企业进销存的管理，现需要企业采购办小刘按月对企业产品进货情况进行统计和分析，并按月以图表方式在 Excel 2010 中进行统计分析。

企业采购办小刘从主管处获取工作任务单，向采购部相关人员沟通了解企业产品进货情况，搜集相关数据，制订工作计划，进行统计和分析，核对分析结果无误后，交付主管确认，最后填写工作日志。

【工作流程与活动】

学习活动一　明确任务和知识准备
学习活动二　制订产品进货单统计分析计划
学习活动三　实施作业
学习活动四　质量检查与验收

◇◇ 办公文稿制作

学习活动一　明确任务和知识准备

【活动目标】

1. 能通过与其他相关业务部门人员的进行沟通明确工作任务。
2. 能描述 Excel 2010 公式的基本结构、功能并能熟练使用公式进行运算。
3. 能熟练使用 Excel 2010 常用内部函数。
4. 能熟练创建和保存图表、设置和修改图表选项。
5. 能对数据表进行排序、筛选、分类汇总、合并计算。
6. 能正确使用数据透视表。

【建议学时】

14 学时

【学习过程】

一、明确工作任务

1. 根据工作情境描述，模拟实际场景与企业采购部门相关人员进行沟通交流，搜集相关数据，明确本次产品进货单统计和分析内容，以及需要注意的事项。

2. 使用 Excel 2010 完成产品进货单统计和分析，利用互联网搜索 Excel 2010 看看哪些功能适合用于产品进货单统计和分析。

二、公式及函数的运用

完成如下操作任务：

1. 在 Excel 2010 中新建工作表，输入如图 4-1 所示工作表数据，并设置 B3：F8 数字添加货币符号并设置为 2 位小数的格式。
2. 使用求和函数分别在 B9、C9、D9、E9、F9 栏内计算主板、音响、键鼠套装、电源的进货总额添加货币符号，并设置为 2 位小数的格式。
3. 使用函数在 B10、C10、D10、E10、F10 单元格中分别统计主板、音响、键鼠套装、电源的最高进货金额添加货币符号，并设置为 2 位小数的格式。
4. 使用函数在 B11、C11、D11、E11、F11 单元格中分别统计主板、音响、键鼠套装、电源的最低进货金额添加货币符号，并设置为 2 位小数的格式。
5. 使用函数在 B12、C12、D12、E12、F12 单元格中分别统计主板、音响、键鼠套装、电源 2020 年 1 月到 6 月的平均进货金额添加货币符号，并设置为 2 位小数的格式。
6. 将标题字体设置为隶书、字号 20、加粗，A1—F1 单元格合并居中。
7. 将文字字体设置为宋体、字号 14、常规。
8. 将表格边框设置为外边框线为粗线，内边框线为细线。
9. 将文件保存为"产品进货单统计表.xlsx"

表格设置效果如下图 4-1。

	A	B	C	D	E	F
1	东粤公司2020年上半年产品进货单统计表					
2	月份	主板	音响	键鼠套装	显示器	电源
3	一月	¥92,040.00	¥38,500.00	¥12,000.00	¥82,720.00	¥48,720.00
4	二月	¥80,220.00	¥50,040.00	¥93,930.00	¥46,260.00	¥50,890.00
5	三月	¥45,660.00	¥74,150.00	¥68,320.00	¥61,400.00	¥21,740.00
6	四月	¥70,940.00	¥68,840.00	¥59,430.00	¥27,230.00	¥65,480.00
7	五月	¥96,370.00	¥63,260.00	¥39,580.00	¥60,500.00	¥17,520.00
8	六月	¥50,800.00	¥96,770.00	¥69,820.00	¥30,690.00	¥47,540.00
9	总计	¥436,030.00	¥391,560.00	¥343,080.00	¥308,800.00	¥251,890.00
10	最高进货金额	¥96,370.00	¥96,770.00	¥93,930.00	¥82,720.00	¥65,480.00
11	最低进货金额	¥45,660.00	¥38,500.00	¥12,000.00	¥27,230.00	¥17,520.00
12	平均进货金额	¥72,671.67	¥65,260.00	¥57,180.00	¥51,466.67	¥41,981.67

图 4-1 表格设置效果

（1）在 Excel 2010 中公式以_____开始，然后输入公式的表达式，如果需要计算 B3 与 F3 单元格数据之和，应输入的公式为_____。如需要求 A1 与 A2 单元格数据之和，公式应如何表达？

（2）Excel 2010 有四种类型的运算符，即算数运算符、文本运算符、比较运算符和引用运算符。

①查阅相关资料，填写下表 4-1。

表 4-1　运算符

名称	运算符号
加法运算符	+
乘法运算符	
乘方运算符	
减法运算符	-
除法运算符	
百分号运算符	

②比较运算符有 6 个，作用是完成两个值的比较，查阅相关资料，填写下表 4-2。

表 4-2　比较运算符

名称	运算符号
等于运算符	=
大于运算符	
小于运算符	
大于等于运算符	>=
小于等于运算符	
不等于运算符	

③在 Excel 工作表 A1 单元格中输入公式"=8>9"，按 Enter 键确认，显示结果为_____。

④在 Excel 工作表 A2 单元格中输入公式"=8<9"，按 Enter 键确认，显示结果为_____。

⑤在 Excel 工作表 A3 单元格中输入公式="中国"&"旅游"（图 4-2），按 Enter 键确认，显示结果为_____。

图 4-2　输入公式="中国"&"旅游"

⑥查阅相关资料，填写下表 4-3。

表 4-3　符号名称、含义与示例

符号	名称	含义	示例
（冒号）：	区域运算符		A3:A7
（逗号），	联合运算符		SUM（F3:F12，F3:F12）
（空格）	交叉运算符		B7:D7　C6:C8 单元格 C7 同时隶属于两个区域

（3）如果在公式中同时运用多个运算符，Excel 2010 将按一定的顺序进行运算。公式中出现不同类型的运算符、同一类型运算符中的不同运算符间，运算次序的优先级是如何规定的？

（4）查阅相关资料，讨论分析表 4-4 几个常用函数的作用，完成表格的填写。

表 4-4　常用函数的作用

函数名称	函数作用
SUM	
	对所有参数进行算数平均值计算
MAX	
	求一组数值中的最小值
COUNT	

◇◇ 办公文稿制作

（5）打开"产品进货统计表.xlsx"，利用公式计算主板、音响、键鼠套装、电源 2020年1月到6月的总计，并设置为带人民币符号"￥"、两位小数的格式（如图4-3所示）。

	A	B	C	D	E	F
1	东粤公司2020年上半年产品进货单统计表					
2	月份	主板	音响	键鼠套装	显示器	电源
3	一月	￥92,040.00	￥38,500.00	￥12,000.00	￥82,720.00	￥48,720.00
4	二月	￥80,220.00	￥50,040.00	￥93,930.00	￥46,260.00	￥50,890.00
5	三月	￥45,660.00	￥74,150.00	￥68,320.00	￥61,400.00	￥21,740.00
6	四月	￥70,940.00	￥68,840.00	￥59,430.00	￥27,230.00	￥65,480.00
7	五月	￥96,370.00	￥63,260.00	￥39,580.00	￥60,500.00	￥17,520.00
8	六月	￥50,800.00	￥96,770.00	￥69,820.00	￥30,690.00	￥47,540.00
9	总计					

图4-3　计算汇总

	A	B	C	D	E	F
1	东粤公司2020年上半年产品进货单统计表					
2	月份	主板	音响	键鼠套装	显示器	电源
3	一月	￥92,040.00	￥38,500.00	￥12,000.00	￥82,720.00	￥48,720.00
4	二月	￥80,220.00	￥50,040.00	￥93,930.00	￥46,260.00	￥50,890.00
5	三月	￥45,660.00	￥74,150.00	￥68,320.00	￥61,400.00	￥21,740.00
6	四月	￥70,940.00	￥68,840.00	￥59,430.00	￥27,230.00	￥65,480.00
7	五月	￥96,370.00	￥63,260.00	￥39,580.00	￥60,500.00	￥17,520.00
8	六月	￥50,800.00	￥96,770.00	￥69,820.00	￥30,690.00	￥47,540.00
9	总计	￥436,030.00	￥391,560.00	￥343,080.00	￥308,800.00	￥251,890.00

图4-4　进货统计表

（6）使用函数分别统计主板、音响、键鼠套装、电源的最高进货金额、最低进货金额和平均进货金额，并设置为带人民币符号"￥"、两位小数的格式（如图4-5所示）。

	A	B	C	D	E	F
1	东粤公司2020年上半年产品进货单统计表					
2	月份	主板	音响	键鼠套装	显示器	电源
3	一月	¥92,040.00	¥38,500.00	¥12,000.00	¥82,720.00	¥48,720.00
4	二月	¥80,220.00	¥50,040.00	¥93,930.00	¥46,260.00	¥50,890.00
5	三月	¥45,660.00	¥74,150.00	¥68,320.00	¥61,400.00	¥21,740.00
6	四月	¥70,940.00	¥68,840.00	¥59,430.00	¥27,230.00	¥65,480.00
7	五月	¥96,370.00	¥63,260.00	¥39,580.00	¥60,500.00	¥17,520.00
8	六月	¥50,800.00	¥96,770.00	¥69,820.00	¥30,690.00	¥47,540.00
9	总计	¥436,030.00	¥391,560.00	¥343,080.00	¥308,800.00	¥251,890.00
10	最高进货金额	¥96,370.00	¥96,770.00	¥93,930.00	¥82,720.00	¥65,480.00
11	最低进货金额	¥45,660.00	¥38,500.00	¥12,000.00	¥27,230.00	¥17,520.00
12	平均进货金额	¥72,671.67	¥65,260.00	¥57,180.00	¥51,466.67	¥41,981.67

图 4-5　设置金额小数的格式

三、创建图表

完成如下图 4-6 操作任务：

1. 打开"产品进货单统计表.xlsx"，创建一个如下图所示的"三维簇状柱形图"。

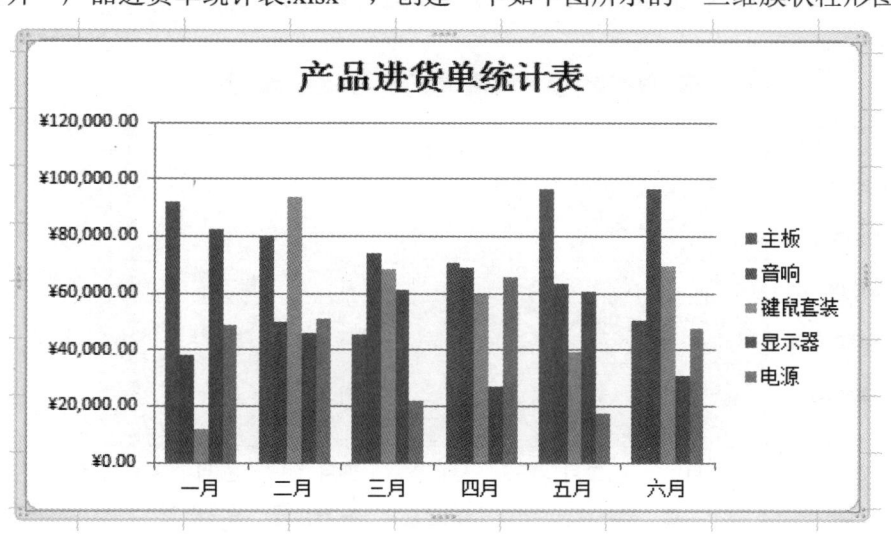

图 4-6　创建图表

◇◇ 办公文稿制作

2. 将创建的"三维簇状柱形图"改为"带数据标记的折线图",查询相关学习资料并利用互联网,学习对图表放置位置、图表类型、数据源的修改的操作方法,并按以下要求编辑图表:

(1) 设置图例位置为"底部"。
(2) 将图表标题设置为"东粤公司产品进货单统计表",字体为隶书,字号20。
(3) 将绘图区背景设置为图片或纹理填充,纹理为"新闻纸"(如图4-7所示)。

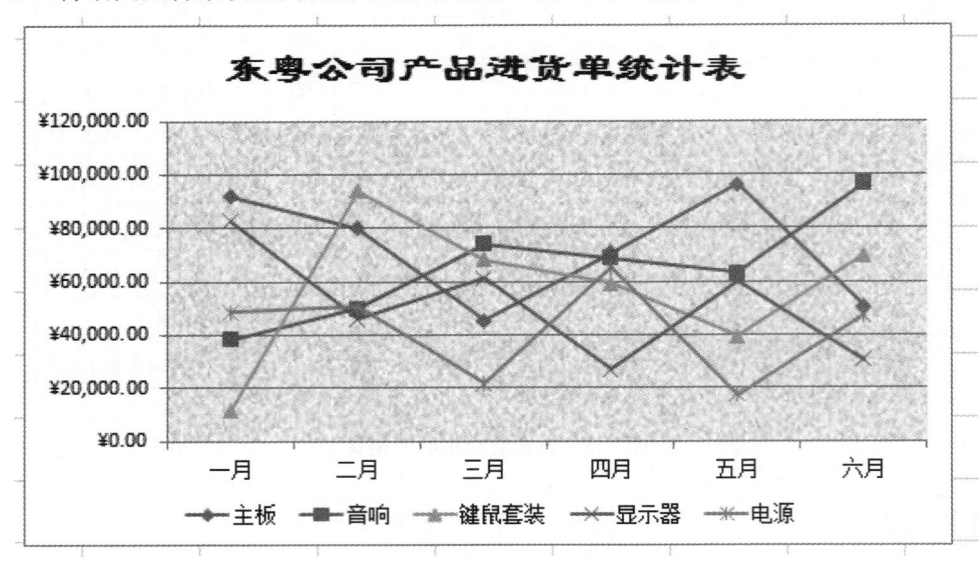

图4-7　设置纹理为"新闻纸"

(4) 在主要横网格线中添加次要网格线(如图4-8所示)。

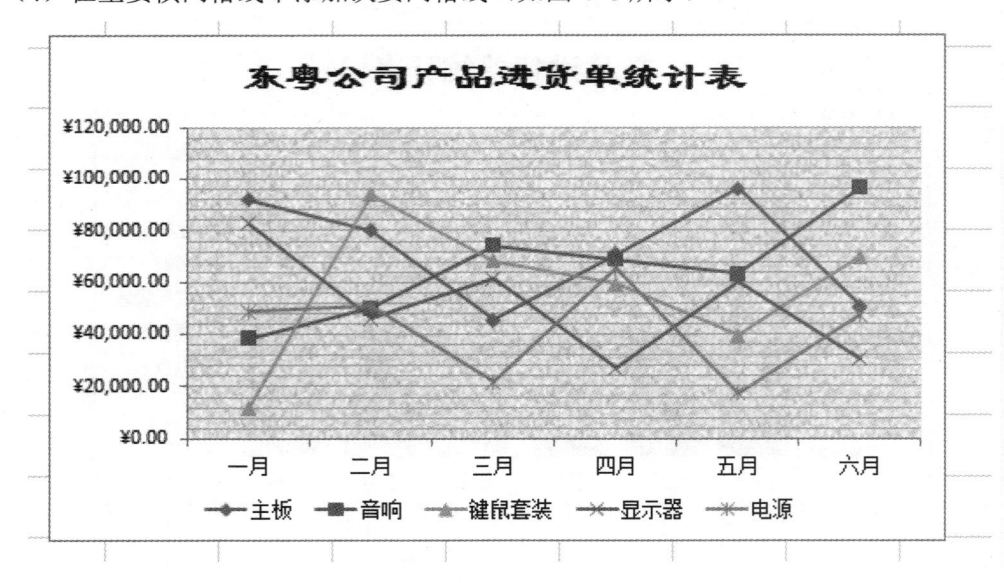

图4-8　添加次要网格线

（5）显示数据标签，放置在数据点上方，大小为 9（如图 4-9 所示）。

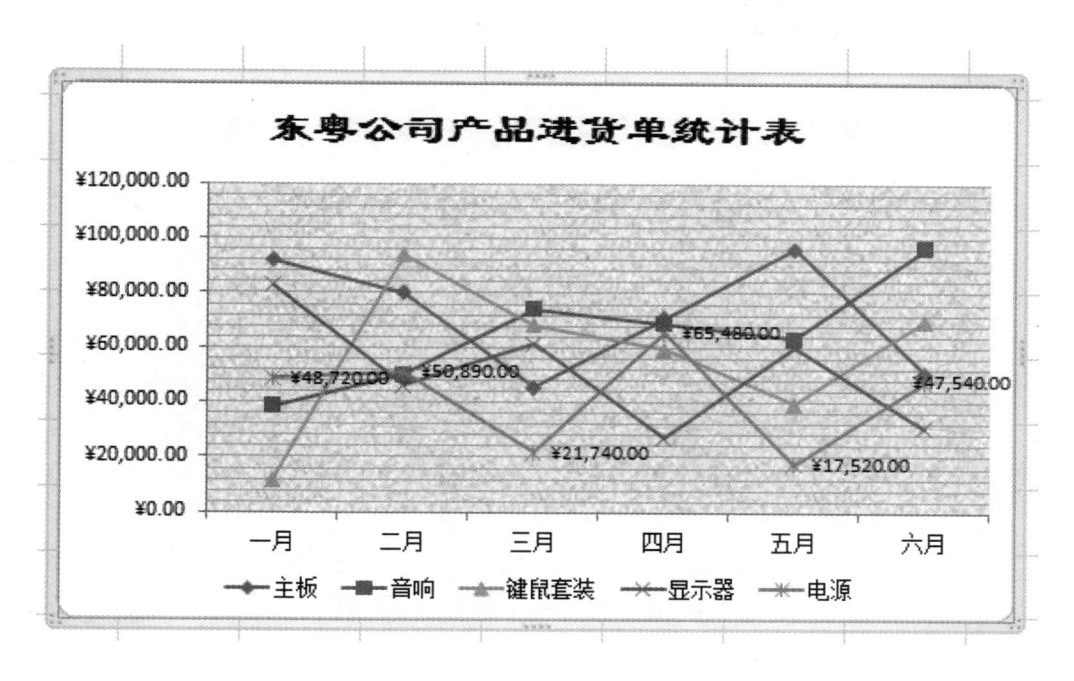

图 4-9 显示数据标签

（6）将"音响"数据标记填充调整为"黄色"，透明度为"20%"（如图 4-10 所示）。

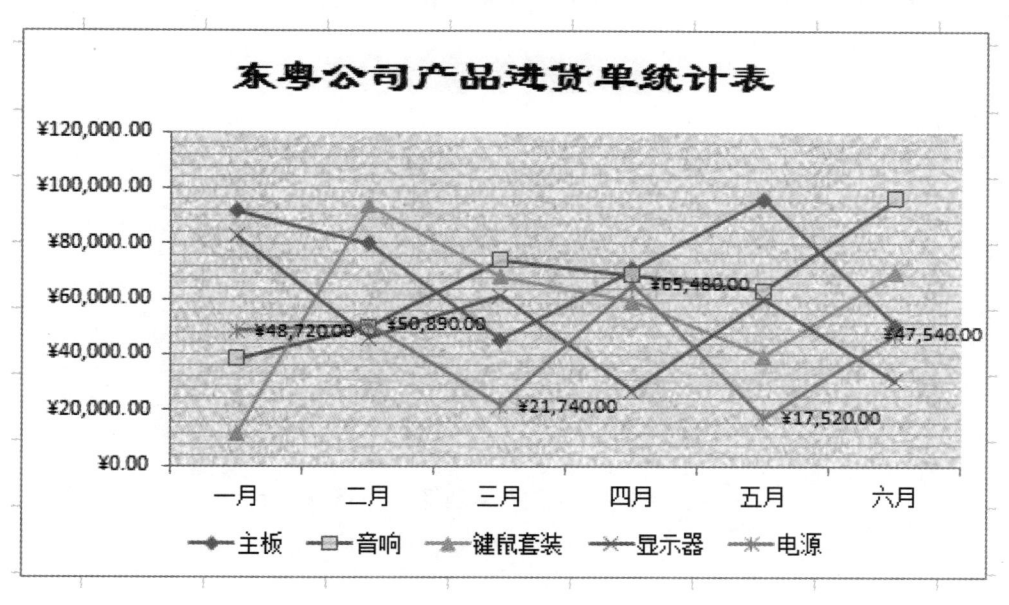

图 4-10 数据标记填充

3. 将"带数据标记的折线图"改为以"月份""显示器"系列为数据源的图表,并添加趋势线、标准误差线(如图 4-11 所示)。

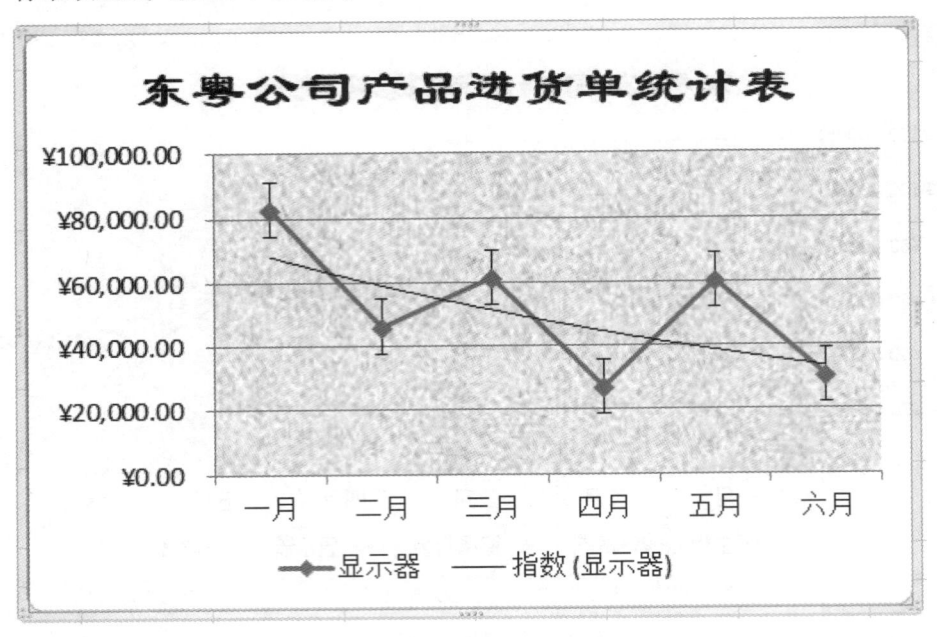

图 4-11　折线图添加趋势线、标准误差线

4. 使用"产品进货单统计表.xlsx"工作表中单元格区域"A2:B8"的数据作为数据源创建分离型三维饼图,并如下图 4-12 所示对图表进行相关的设置。

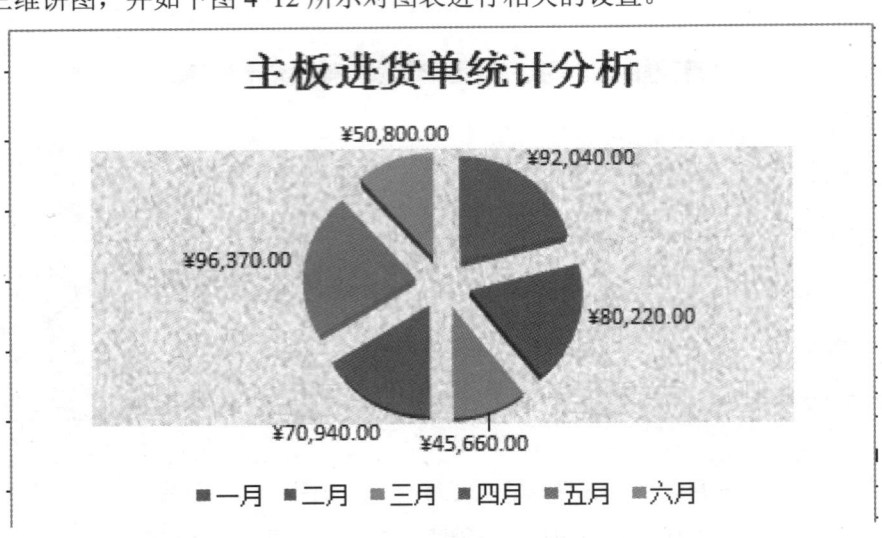

图 4-12　分离型三维饼图

5. 查询相关资料,将表 4-5 各图所属的图表类型填写在括号中,并分别说明各个类型的

图表适用的场合。

表 4-5 图表名称与适用场合

图表	图表名称	适用场合

◇◇ 办公文稿制作

6. 查阅相关资料，了解"趋势线"和"误差线"的作用，完成表 4-6 的填写。

表 4-6　"趋势线"和"误差线"的作用

名称	种类	作用	添加方法
趋势线			
误差线			

四、数据处理与分析

1. 完成如下操作任务：

（1）在 Excel 2010 中创建如图 4-13 所示表格，文件保存为"个人销售统计表.xlsx"。

序号	姓名	部门	产品A	产品B	产品C	产品D	合计（件）
1	陈成	销售部1	30	60	10	90	190
2	吴小小	销售部1	40	55	25	155	275
3	陈东	销售部1	55	67	33	120	275
4	兰莘	销售部1	34	50	20	100	204
5	李晓	销售部2	37	50	20	131	238
6	覃丽	销售部3	25	45	30	104	204
7	李明明	销售部3	20	76	35	107	238
8	韦真真	销售部3	14	30	40	76	160

东粤公司2020年5月个人销售统计表

图 4-13　创建表格

（2）对"部门"列数据执行降序排列的操作。

（3）将表格另存为"个人销售统计表（排序）.xlsx"。

表格设置效果如下图 4-14 所示。

	A	B	C	D	E	F	G	H
1	东粤公司2020年5月个人销售统计表							
2	序号	姓名	部门	产品A	产品B	产品C	产品D	合计（件）
3	6	覃丽	销售部3	25	45	30	104	204
4	7	李明明	销售部3	20	76	35	107	238
5	8	韦真真	销售部3	14	30	40	76	160
6	5	李晓	销售部2	37	50	20	131	238
7	1	陈成	销售部1	30	60	10	90	190
8	2	吴小小	销售部1	40	55	25	155	275
9	3	陈东	销售部1	55	67	33	120	275
10	4	兰芊	销售部1	34	50	20	100	204

图4-14　表格设置效果

①数据排序有单条件排序、多条件排序和自定义排序三种方式。单条件排序时，利用"升序"和"降序"按键即可实现，通过对不同数据排序尝试按键的操作效果。

②在 Excel 2010 中可按字母或笔画对汉字进行排序，系统默认的排序方式是按字母顺序，请查阅相关资料并掌握将排序方式修改为笔画排序的方法。

2. 当表格数据繁多的时候，如需查找出一个或几个符合条件的数据，可以使用数据筛选的方式筛选出符合条件的数据，请完成如下操作。

（1）请在 Excel 2010 中打开"个人销售统计表.xlsx"。将 sheet1 工作表中的内容复制粘贴到 sheet2、sheet3 工作表中，并将文件另存为"个人销售统计表—自动筛选.xlsx"。

（2）在 sheet1 中筛选出销售 1 部的人员（如图 4-15 所示）。

序号	姓名	部门	产品A	产品B	产品C	产品D	合计（件）
1	陈成	销售部1	30	60	10	90	190
2	吴小小	销售部1	40	55	25	155	275
3	陈东	销售部1	55	67	33	120	275
4	兰芊	销售部1	34	50	20	100	204

图 4-15 筛选功能 1

（3）在 sheet2 中筛选出产品 A 销售数额大于 30 小于 60 的人员（如图 4-16 所示）。

序号	姓名	部门	产品A	产品B	产品C	产品D	合计（件）
5	李晓	销售部2	37	50	20	131	238
2	吴小小	销售部1	40	55	25	155	275
3	陈东	销售部1	55	67	33	120	275
4	兰芊	销售部1	34	50	20	100	204

图 4-16 筛选功能 2

（4）在 sheet3 中筛选出部门为"销售 1 部"，合计大于等于 200 小于等于 275 的人员（如图 4-17 所示）。

学习任务四　产品进货单统计与分析

	A	B	C	D	E	F	G	H
1	东粤公司2020年5月个人销售统计表							
2	序号	姓名	部门	产品A	产品B	产品C	产品D	合计（件）
8	2	吴小小	销售部1	40	55	25	155	275
9	3	陈东	销售部1	55	67	33	120	275
10	4	兰莘	销售部1	34	50	20	100	204

图 4-17　筛选功能 3

3. 高级筛选用于通过复杂的条件来筛选单元格区域，请完成如下操作任务。
查阅资料，填写表 4-7。

表 4-7　筛选的适用情况

名称	适用情况
高级筛选	

请在 Excel 2010 中打开"个人销售统计表.xlsx"，如需筛选出"部门"为"销售部 1"、合计大于 200 的人员名单，并要求将筛选结果保存到 A15 单元格开始的位置上，把文件另存为"个人销售统计表—高级筛选.xlsx"，具体操作方法如表 4-8 所示。

表 4-8　操作方法

1. 设置筛选条件
条件区域的首行为列标题（如右图 J2、K2），第二行起为对应的条件表达式（如销售部 1、>200） 条件区的设置有 3 个注意事项： ①条件的标题与数据表的原有标题要求完全一致； ②条件间为"与"运算关系的，必须写在同一行； ③条件间为"或"关系的，则写在不同行

	A	B	C	D	E	F	G	H	I	J	K
1	东粤公司2020年5月个人销售统计表										
2	序号	姓名	部门	产品A	产品B	产品C	产品D	合计（件）		部门	合计（件）
3	1	陈成	销售部1	30	60	10	90	190		销售部1	>200

续表

2. 设置"高级筛选"对话框	
选择"数据"功能区"排序和筛选"组中的"高级"按键，打开"高级筛选"对话框，进行设置： ①"方式"用于选择筛选结果的显示方式。若选择"在原有区域显示筛选结果"，则在数据清单中显示结果，也可以在"复制到"框内制定筛选结果的显示位置； ②"列表区域"用于制定筛选查询的数据表所有区域； ③"条件区域"用于指定包括条件的单元格区域； ④"复制到"用于指定筛选结果所要放入的显示位置	（表格及"高级筛选"对话框示意图）
3. 单击"确定"按键，并将文件另存为"个人销售统计表—高级筛选.xlsx"	
（筛选结果表格示意图）	

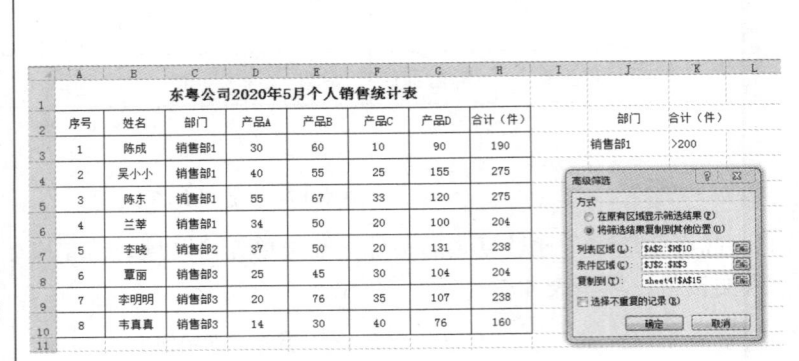

4. 分类汇总是对数据清单中的数据进行分析的一种常用方法。有简单分类和嵌套分类汇

总之分。通过运用分类汇总，可以将表格中性质相同的内容汇总在一起，使得表格的结构更加清晰，方便查看。请完成如下操作任务。

（1）查阅资料，填写下表 4-9。

表 4-9　分类汇总操作方法与注意事项

名称	操作方法	注意事项
分类汇总		

（2）请在 Excel 2010 中打开"个人销售统计表.xlsx"。将 sheet1 工作表中的内容复制粘贴到 sheet2、sheet3 工作表中，并将文件另存为"个人销售统计表—分类汇总.xlsx"。

（3）在 sheet1 工作表中，按"部门"汇总"产品 A""产品 B"的总数（如图 4-18 所示）。

	A	B	C	D	E	F	G	H
1	东粤公司2020年5月个人销售统计表							
2	序号	姓名	部门	产品A	产品B	产品C	产品D	合计（件）
3	1	陈成	销售部1	30	60	10	90	190
4	2	吴小小	销售部1	40	55	25	155	275
5	3	陈东	销售部1	55	67	33	120	275
6	4	兰莘	销售部1	34	50	20	100	204
7			销售部1 汇总	159	232			
8	5	李晓	销售部2	37	50	20	131	238
9			销售部2 汇总	37	50			
10	6	覃丽	销售部3	25	45	30	104	204
11	7	李明明	销售部3	20	76	35	107	238
12	8	韦真真	销售部3	14	30	40	76	160
13			销售部3 汇总	59	151			
14			总计	255	433			

图 4-18　个人销售汇总

（4）在 sheet2 工作表中统计各销售部的人数（如图 4-19 所示）。

	A	B	C	D	E	F	G	H
1	东粤公司2020年5月个人销售统计表							
2	序号	姓名	部门	产品A	产品B	产品C	产品D	合计（件）
3	1	陈成	销售部1	30	60	10	90	190
4	2	吴小小	销售部1	40	55	25	155	275
5	3	陈东	销售部1	55	67	33	120	275
6	4	兰苹	销售部1	34	50	20	100	204
7		销售部1 计数		4				
8	5	李晓	销售部2	37	50	20	131	238
9		销售部2 计数		1				
10	6	覃丽	销售部3	25	45	30	104	204
11	7	李明明	销售部3	20	76	35	107	238
12	8	韦真真	销售部3	14	30	40	76	160
13		销售部3 计数		3				
14		总计数		8				

图 4-19 统计各销售部的人数

（5）在 sheet3 工作表中，以"部门"为分类汇总字段，分别以"产品 A""产品 C"为汇总项，进行求和的嵌套分类汇总，如图 4-20 所示（保留两次汇总的结果）。

	A	B	C	D	E	F	G	H
1	东粤公司2020年5月个人销售统计表							
2	序号	姓名	部门	产品A	产品B	产品C	产品D	合计（件）
3	1	陈成	销售部1	30	60	10	90	190
4	2	吴小小	销售部1	40	55	25	155	275
5	3	陈东	销售部1	55	67	33	120	275
6	4	兰苹	销售部1	34	50	20	100	204
7			销售部1 汇总			232		
8			销售部1 汇总	159				
9	5	李晓	销售部2	37	50	20	131	238
10			销售部2 汇总			50		
11			销售部2 汇总	37				
12	6	覃丽	销售部3	25	45	30	104	204
13	7	李明明	销售部3	20	76	35	107	238
14	8	韦真真	销售部3	14	30	40	76	160
15			销售部3 汇总			151		
16			销售部3 汇总	59				
17			总计			433		
18			总计	255				

图 4-20 求和的嵌套分类汇总

（6）分类汇总可实现分类求和、求平均值、求最大值、求最小值等功能。在进行分类汇总前需要对数据清单进行排序。在"个人销售统计表—分类汇总.xlsx"中按"部门"汇总"产品C"平均数的操作方法如下表 4-10 所示。

表 4-10　分类汇总与排序

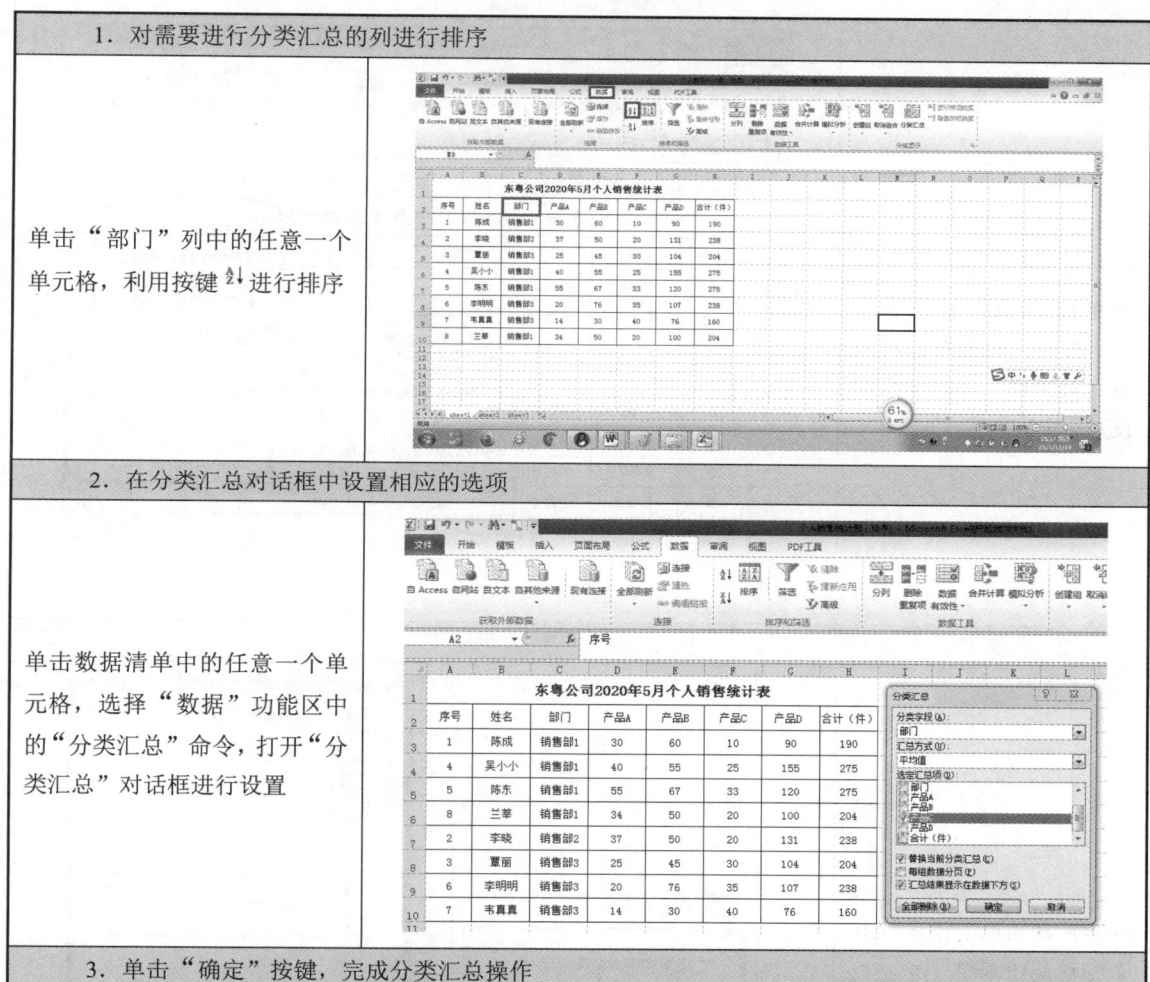

1. 对需要进行分类汇总的列进行排序	
单击"部门"列中的任意一个单元格，利用按键 ↓ 进行排序	
2. 在分类汇总对话框中设置相应的选项	
单击数据清单中的任意一个单元格，选择"数据"功能区中的"分类汇总"命令，打开"分类汇总"对话框进行设置	
3. 单击"确定"按键，完成分类汇总操作	

5. 利用互联网和查阅资料，完成数据透视表的功能和使用方法学习，回答引导问题并完成操作任务。

（1）在下表中填写出利用数据透视表统计数据的优势（见表 4-11）。

表 4-11　计数据的优势

名称	统计数据的优势
数据透视表	

◇◇ 办公文稿制作

（2）数据透视表的特点在于表格结构具有不固定性，可根据实际需要进行调整。为"个人销售统计表.xlsx"创建数据透视表的具体方法如下表 4-12 所示。

表 4-12　创建数据透视表的具体方法

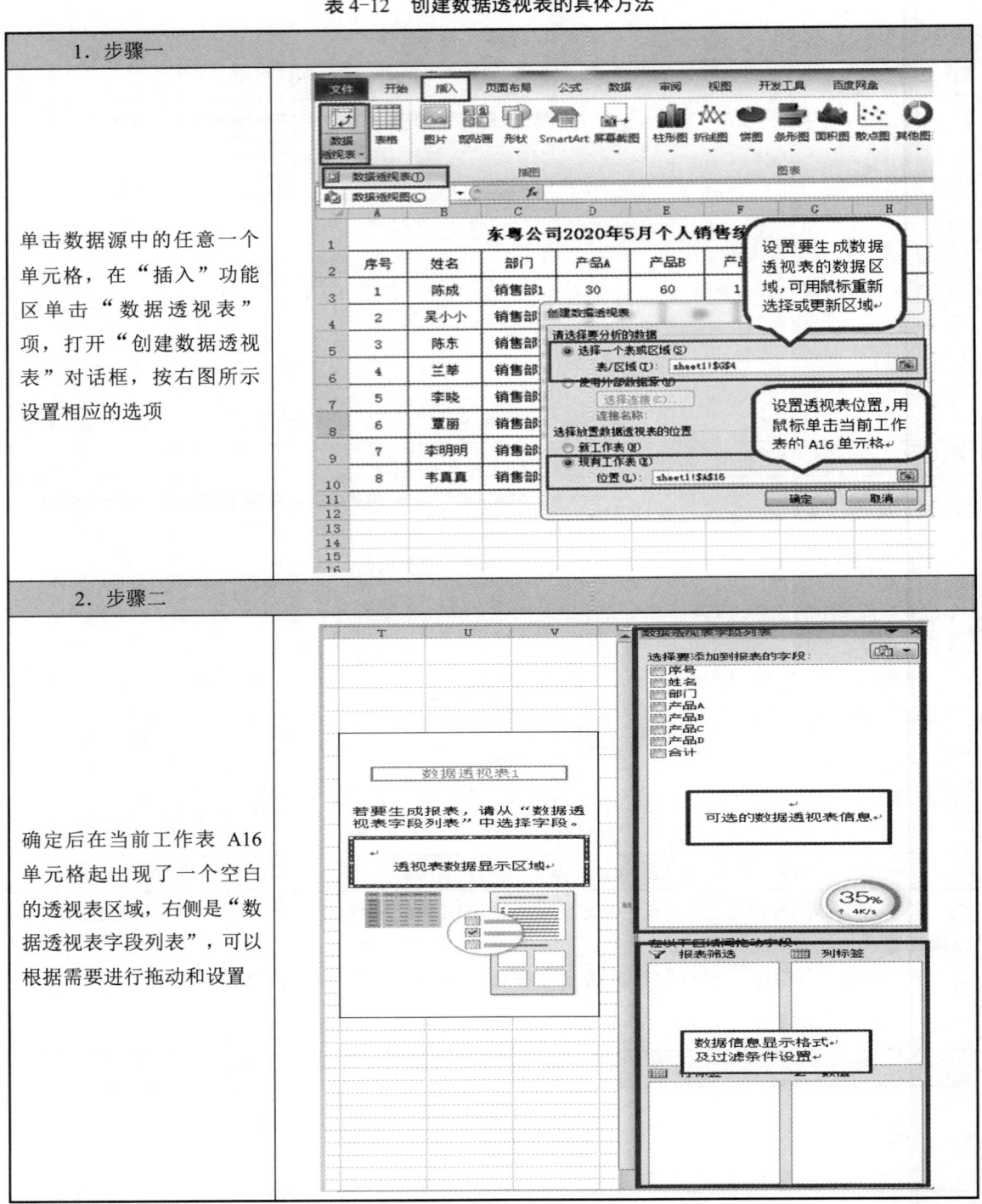

1. 步骤一 单击数据源中的任意一个单元格，在"插入"功能区单击"数据透视表"项，打开"创建数据透视表"对话框，按右图所示设置相应的选项	
2. 步骤二 确定后在当前工作表 A16 单元格起出现了一个空白的透视表区域，右侧是"数据透视表字段列表"，可以根据需要进行拖动和设置	

114

续表

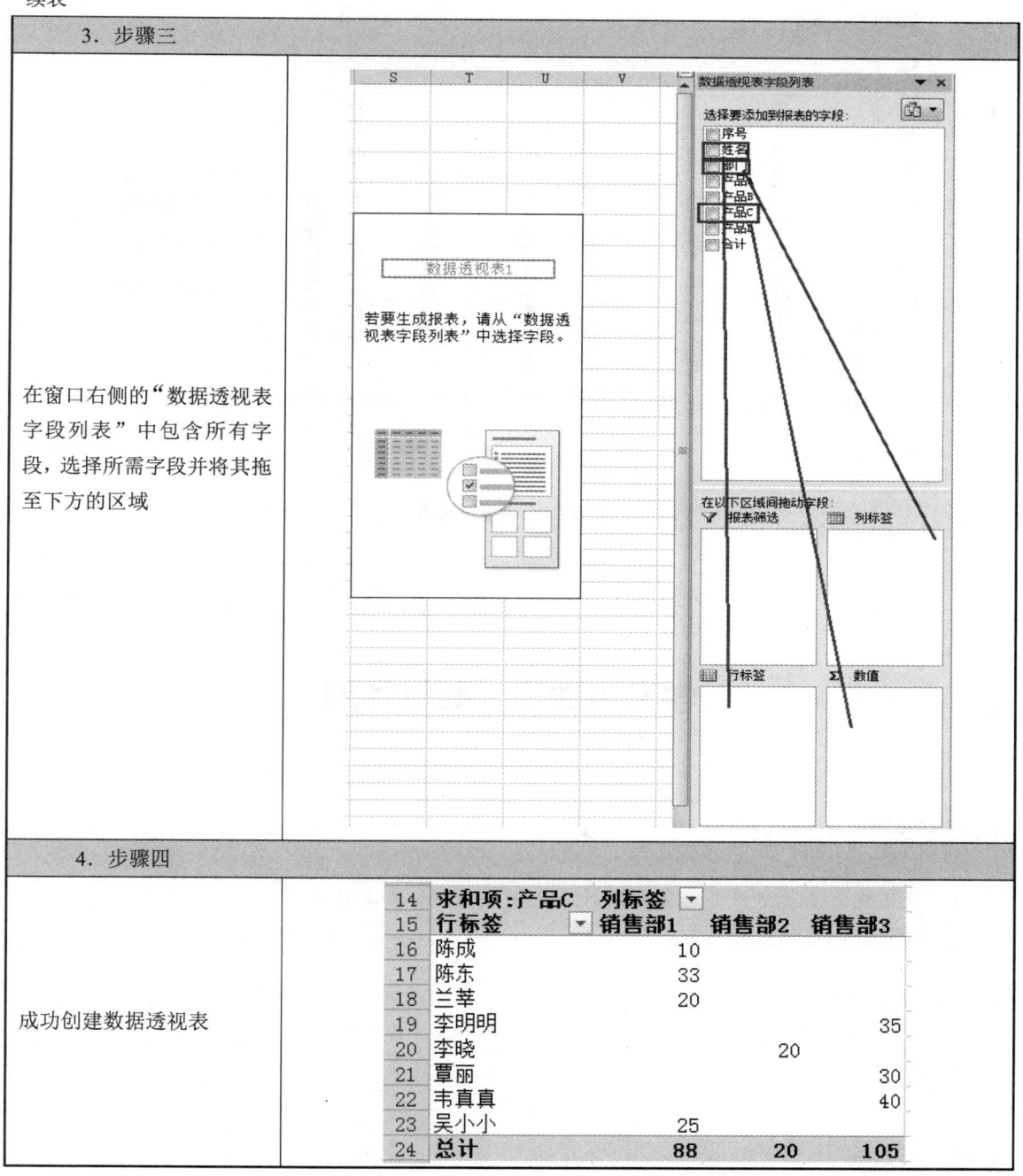

3. 步骤三	
在窗口右侧的"数据透视表字段列表"中包含所有字段，选择所需字段并将其拖至下方的区域	
4. 步骤四	
成功创建数据透视表	

（3）对于创建好的数据透视表，可以很容易地将其转换成数据透视图，具体操作方法为：选定数据透视表整个区域，在"插入"选项卡中，选择需要的图表类型，即可产生数据透视图。请尝试将前面做好的数据透视表转换成数据透视图，并简要说明两者的区别（如图4-21所示）。

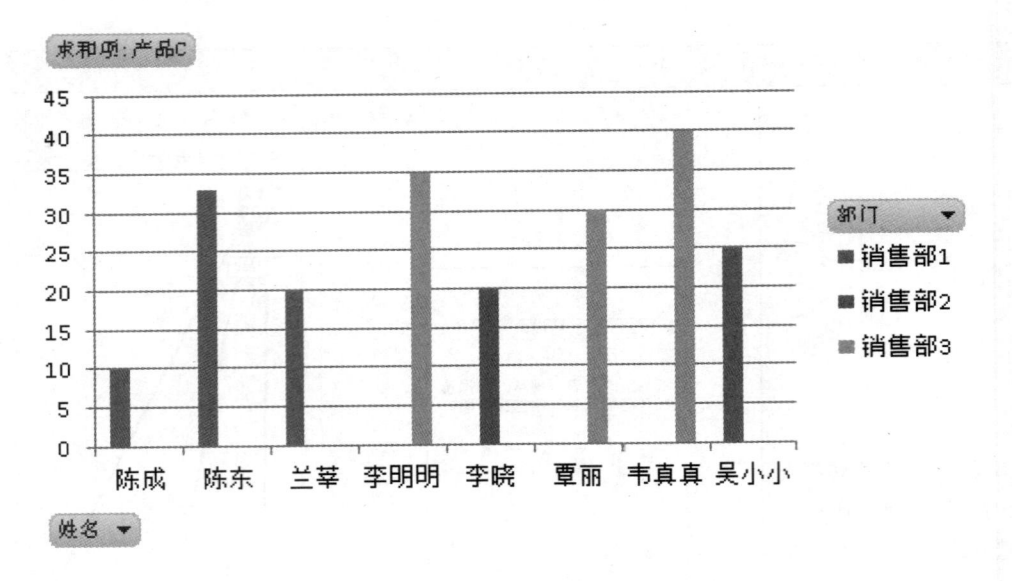

图 4-21 数据透视表

学习活动二 制订计划

【活动目标】

1. 能根据需要确定产品进货单统计分析任务的目标和具体要求。
2. 能制订相应的工作计划。

【建议学时】

2 学时

【学习过程】

一、确定产品进货单统计分析内容要求

1. 利用互联网搜索数据统计分析的方法,并对比各自的统计分析方法、角度等的特点,写出数据统计分析方法的要点。

2. 讨论制订产品进货单统计与分析的工作方案，见表 4-13（最后一列"实现情况"待下一学习活动中填写）。

表 4-13　工作方案

序号	任务目标	任务计划	实现情况
1	统计产品进货数据	数据计算应用（公式、函数）：	
2	分析处理进货数据	排序、筛选、分类汇总、数据透视等数据处理功能应用情况：	
3	数据图形化处理	创建图表类型和格式要求：	
4	报表美化	格式要求：	

3. 数据统计分析示例（如图 4-22 和图 4-23 所示）。

	A	B	C	D	E	F
1	东粤公司2020年上半年产品进货单统计表					
2	月份	主板	音响	键鼠套装	显示器	电源
3	一月	¥92,040.00	¥38,500.00	¥12,000.00	¥82,720.00	¥48,720.00
4	二月	¥80,220.00	¥50,040.00	¥93,930.00	¥46,260.00	¥50,890.00
5	三月	¥45,660.00	¥74,150.00	¥68,320.00	¥61,400.00	¥21,740.00
6	四月	¥70,940.00	¥68,840.00	¥59,430.00	¥27,230.00	¥65,480.00
7	五月	¥96,370.00	¥63,260.00	¥39,580.00	¥60,500.00	¥17,520.00
8	六月	¥50,800.00	¥96,770.00	¥69,820.00	¥30,690.00	¥47,540.00
9	总计	¥436,030.00	¥391,560.00	¥343,080.00	¥308,800.00	¥251,890.00
10	最高进货金额	¥96,370.00	¥96,770.00	¥93,930.00	¥82,720.00	¥65,480.00
11	最低进货金额	¥45,660.00	¥38,500.00	¥12,000.00	¥27,230.00	¥17,520.00
12	平均进货金额	¥72,671.67	¥65,260.00	¥57,180.00	¥51,466.67	¥41,981.67

图 4-22　数据统计分析示例

◇◇ 办公文稿制作

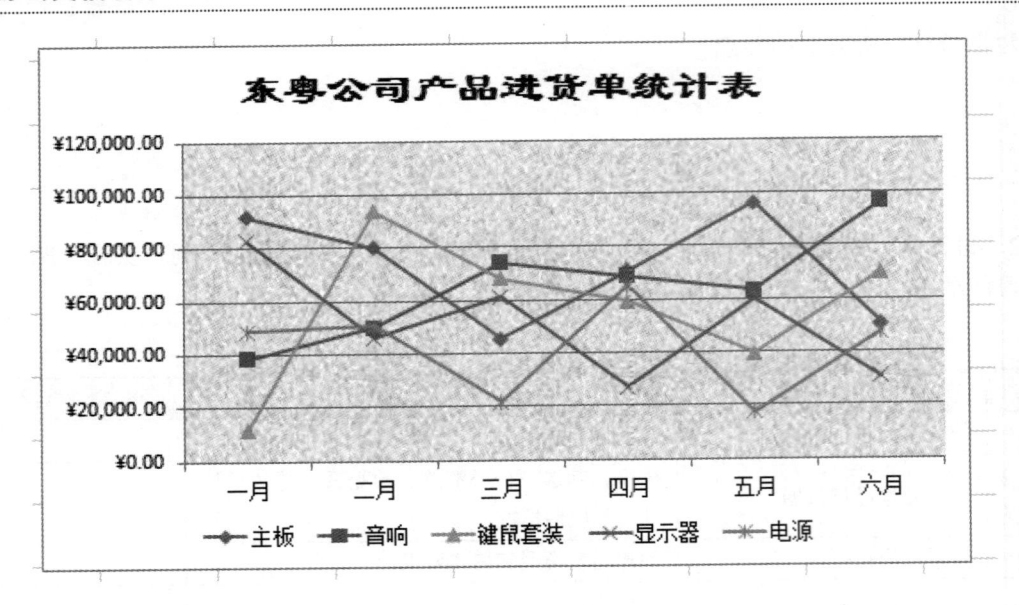

图 4-23　数据统计分析示例

二、制订工作计划（见表 4-14）

表 4-14　工作计划

小组成员任务分工	工作职责
小组组长	小组成员工作安排及行动指挥
小组成员	搜集、整理及录入资料
	产品进货单统计分析内容设计
	产品进货单统计分析
	产品进货单统计分析报告格式设置及打印
	产品进货单统计分析报告校对及修改
	成果展示及验收

　　备注：小组成员分工可由组长根据任务进度安排由一人或多人完成，组长应该保证小组的每一位成员在每个时间段均有工作任务，既要锻炼团队合作能力，又要让小组每位成员都能独立完成这项工作任务。

学习活动三　实施作业

【活动目标】

1. 能完成数据的统计。
2. 能熟练运用不同的数据处理办法对数据进行统计、分析。
3. 能按相应要求对数据进行审核、校对。
4. 能运用图表对数据进行图形化处理。

【建议学时】

4学时

【学习过程】

一、创建及保存电子表格

在 C 盘"办公文稿制作"文件夹中新建电子表格文件，命名为"产品进货单统计分析表.xlsx"。

二、数据录入及核对表格内容

1. 根据企业需要和制订的工作计划，完成产品进货单统计分析表相关信息的输入。
2. 根据录入要求，小组核对并对本组成员错误数据进行统计。

本组错误数据共计（　　　　）项。

三、数据统计分析

根据任务要求和工作计划对《产品进货单统计分析表》进行统计、分析。将实现情况记录在上一活动的表格中。如顺利完成，则记录"完成"；如对原设计进行调整，则需将调整的具体情况在表格中记录下来。

四、打印输出

核对已经设置好格式的《产品进货单统计分析表》，打印预览并通过打印机打印输出。

五、记录问题及解决方法

将以上操作过程中遇到的问题及相应的解决措施记录在下表 4-15 中。

表 4-15　遇到的问题及相应的解决措施

操作过程中遇到的问题	具体解决措施

六、填写工作日志（见表 4-16）

表 4-16　工作日志

序号	日期	时间	具体工作内容	指导教师意见
1				
2				
3				
4				
5				
6				
7				
8				

学习活动四　质量检查与验收

【活动目标】

1. 能检验产品进货单统计和分析数据的正确性。
2. 能根据相关部门的修改意见对统计分析报表进行整改。
3. 能够按照工作流程交付主管确认验收。

【建议学时】

4学时

【学习过程】

一、质量检验

1. 对统计分析报告进行自检，并根据检查结果填写下表（见表4-17）。

表4-17　质量检查表

序号	检查项目	根据完成情况在相应选项位置打"√"		整改措施
1	录入数据正确率	□100%	□100%以下	
2	运用公式、函数对数据进行统计	□运用了求和　　□运用了平均值 □运用了最大值　□运用了最小值 □运用了计数　　□运用了其他函数 □函数运用准确　□数据统计正确 □未使用公式或函数		
3	数据处理功能的运用	□运用了排序数据　□运用了排序数据 □运用了数据透视表　□运用了分类汇总数据 □未使用任何数据出来功能		
4	图表的运用	□正确设置图表标题　　□正确创建图表数据区域 □正确设置图例格式　　□正确设置坐标轴 □正确设置图表标题格式　□正确设置图表区背景 □未使用图表		

121

◇◇ 办公文稿制作

2. 根据上表的检查结果，针对发现的问题及提出的整改措施对产品进货单统计表进行修改，修改后再次校对直至无错误。

二、交接验收

根据模拟的任务工作情境以角色扮演形式进行解说。展示产品进货单统计表的完成效果，核对任务要求，完成交接验收，并如实填写验收表（见表4-18）。

表4-18 验收表

验收项目	项目验收要求	第一次验收	第二次验收
产品进货单标题设置	正确率100%	□通过 □未通过 整改措施：	□通过 □未通过
产品进货单统计表文字数据录入	正确率100%	□通过 □未通过 整改措施：	□通过 □未通过
产品进货单统计表公式、函数、数据排序、自动筛选、分类汇总情况	能正确利用公式、函数数据排序、自动筛选、分类汇总等对数据进行处理	□通过 □未通过 整改措施：	□通过 □未通过
产品进货单统计表数据透视表、创建图表情况	能正确运用数据透视表、图表等进行数据分析和数据图形化处理	□通过 □未通过 整改措施：	□通过 □未通过
美化产品进货单统计表	能利用格式设置和边框设置等对产品进货单统计表进行表格美化操作	□通过 □未通过 整改措施：	□通过 □未通过

三、总结评价

在教师的指导下以自我评价、小组评价和教师评价三种方式对自己和他人在本学习任务中的表现进行客观评价（见表4-19）。

表 4-19 考核评价表

班级			学号			姓名		
评价项目	评价标准		评价方式			权重	得分小计	总分
			自我评价	小组评价	教师评价			
职业素养与关键能力	1. 能规范执行安全操作规程； 2. 能自觉参与小组讨论，进行交流； 3. 积极主动，勤学好问； 4. 能清晰准确表达					40%		
专业能力	1. 能描述公式的基本结构和功能； 2. 能进行各种公式的运算； 3. 能熟练创建图表并独立设置图表选项； 4. 能完成数据的排序和筛选； 5. 能对数据进行分类汇总； 6. 能对数据创建数据透视表					60%		
综合等级			指导教师签名			日期		

考核评价表填写说明：

1. 各项评价采用 10 分制，根据符合评价标准的程度进行客观的打分。
2. 得分小计按以下公式计算：

得分小计=（自我评价×20%+小组评价×30%+教师评价×50%）×权重。

3. 综合等级按以下四个级别标准进行填写：

A（9≤总分≤10）、B（7.5≤总分<9）、C（6≤总分<7.5）、D（总分<6）。

学习任务五　产品宣传演示文稿制作

【任务目标】

1. 能通过与客户和业务主管等相关人员的专业沟通明确工作任务，并准确概括、复述任务内容及要求。
2. 能合理制订工作计划。
3. 能描述 PowerPoint 2010 软件功能和操作界面各部分的作用。
4. 能操作 PowerPoint 2010 并正确录入任务信息，对演示文稿进行编辑。
5. 能搜集整理产品宣传演示文稿素材及相关资料。
6. 能运用图片、图示等元素，并对演示文稿进行美化操作。
7. 能对产品宣传演示文稿进行放映方式的设置。
8. 能对演示文稿进行审核、校对。
9. 能填写工作日志，并完成质量检查及验收。

【建议学时】

32 学时

【工作情景描述】

某电子科技公司需要制作电子产品宣传演示文稿，现需要网络管理员搜集整理产品介绍和图片等素材，在 PowerPoint 中完成演示文稿的制作。

演示文稿制作具体要求如下：

（1）主题明确、结构合理。
（2）页面简洁美观，图片及其他素材使用适当。
（3）使用符合主题的模板。
（4）能充分展现产品的宣传目的。

网络管理员从主管处获取任务单，与主管沟通，了解细节要求，编制工作计划，导入素材，设置格式和效果，核对内容无误后，交付主管确认，填写工作日志。

学习任务五　产品宣传演示文稿制作

【工作流程与活动】

　　学习活动一　明确任务和知识准备
　　学习活动二　制订计划
　　学习活动三　实施作业
　　学习活动四　质量检查与验收

学习活动一　明确任务和知识准备

【活动目标】

　　1. 能通过与客户和业务主管等相关人员的专业沟通明确工作任务，并准确概括、复述任务内容及要求。
　　2. 能描述 PowerPoint 2010 软件功能和操作界面各部分的作用。
　　3. 能操作 PowerPoint 2010 并正确录入任务信息，对演示文稿进行编辑。
　　4. 能运用图片、图示等元素，并对演示文稿进行美化操作。
　　5. 能对演示文稿进行放映方式的设置。

【建议学时】

　　12 学时

【学习过程】

一、明确工作任务

　　1. 根据工作情境描述，模拟实际场景进行沟通交流，通过查询、讨论列出演示文稿需要演示的内容及初始布局，并记录本任务客户需求的要点。

　　2. 根据客户需求，可选用 PowerPoint 2010 软件进行设计制作。PowerPoint 2010 有哪些功能？

二、认识 PowerPoint 2010 操作界面（如图 5-1 所示）

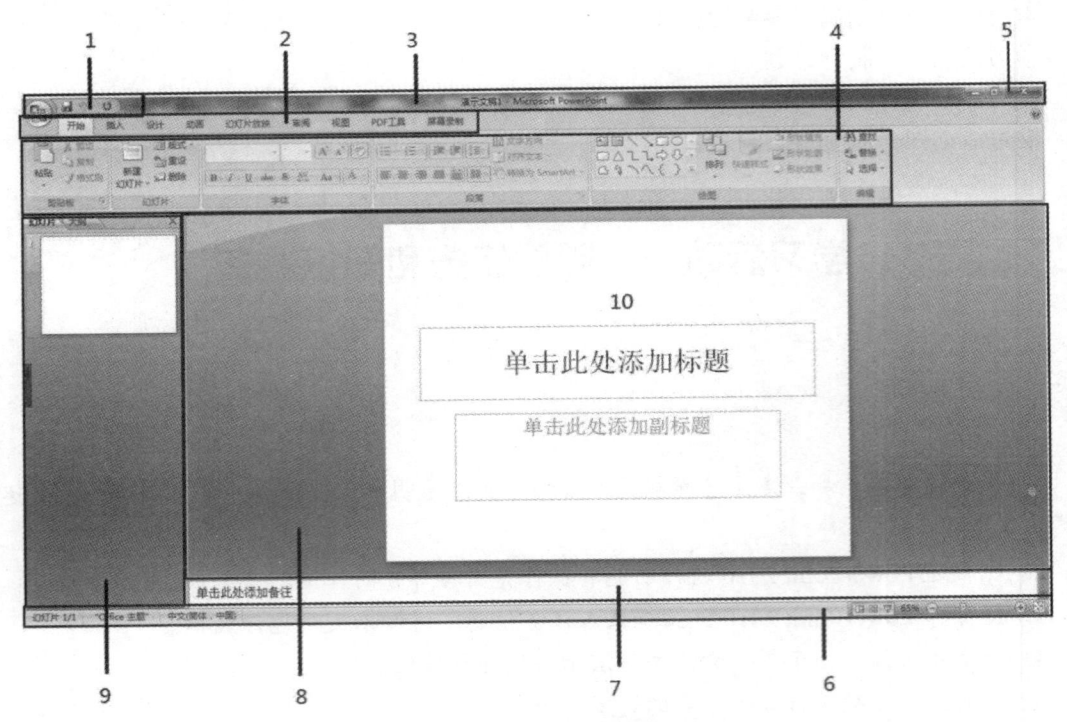

图 5-1　PowerPoint 2010 操作界面

启动 PowerPoint 2010 后，在默认情况下，PowerPoint 2010 会创建一个空白演示文稿，操作界面如图 5-1 所示，根据图示在表 5-1 中填写各个区域所对应的名称和作用。

表 5-1　各个区域所对应的名称和作用

区域	名称	作用
1		
2		
3		
4		
5		
6		
7		
8		
9		
10		

三、PowerPoint 2010 的基本操作

回答引导问题，完成以下操作任务。

任选一个 PowerPoint 2010 的设计模板，自定主题，制作 3~6 页内容的演示文稿幻灯片，第 1 页为标题、制作者名单，第 2 页起为具体内容，应包括图片、形状、文本框等基本要素。

1. 模板确定了幻灯片的样式、布局、字体、配色、背景图案等基本要素，可在 PowerPoint 2010 中通过"设计"选项卡下的"主题"组来完成设计（如图 5-2 所示）。软件预设了多种主题风格，每种主题又提供了多种颜色方案、字体样式、展示效果、背景样式等。通过实际操作观察并尝试，选择一种自己满意的样式设置，将选项记录下来。观察模板各页，明确哪些位置用于填写标题，哪些位置用于排版正文内容。

图 5-2 "设计"选项卡下"主题"组

2. 选择"设计"选项卡下"主题"组来完成设计后，软件会默认自动套用该主题固定的颜色方案、字体样式、展示效果、背景样式等，如果想单独修改一张幻灯片的背景并不影响其他幻灯片该如何设置？

3. 除了在模板给出的文本框中输入文字外，PowerPoint 2010 中还可以插入图片、剪贴画、文本框、音频视频等多种元素，其操作和 Word、Excel 基本相似。查看 PowerPoint 2010 可插入的元素类型，并填入下表 5-2 中。

表 5-2　可插入的元素类型

除了通过功能区的按键调出插入对话框来插入图片、视频等各类元素外，还有没有更简单的插入方法？同学间进行讨论，并查阅相关资料，记录下来并尝试一下。

4．PowerPoint 2010 演示文稿的格式设置主要是通过对文本、形状及排列方式进行修饰来提升演示文稿的美观程度，查看并尝试软件提供的各类格式设置功能，对幻灯片页面进行美化，在使用过程中是否遇到或使用了表 5-3 所示的工具或菜单？说明其所在位置和功能。

表 5-3　各类格式设置功能

格式设置	功能
（形状工具）	
（段落工具）	
（幻灯片母版　讲义母版　备注母版）	
（置于顶层　对齐　置于底层　组合　选择窗格　旋转）	
（高度：4.87 厘米　宽度：17.78 厘米）	
（艺术字样式 A A A）	
（形状样式 Abc Abc Abc）	
（颜色　灰度　纯黑白）	

129

续表

格式设置	功能
切换声音：[无声音] 切换速度：快速 全部应用	
宋体(正文) 32 A A A B I U abc S AV Aa A	

5. 通过操作，将以下演示文稿文本编辑时常用格式设置的操作方法简要记录下来（表5-4）。

表5-4 常用格式设置的操作方法

操作要求	设置方法或操作步骤
形状填充为蓝色	
添加指向右燕尾形箭头图形	
形状轮廓线设置为圆点虚线	
文本发光变体效果	
文本填充渐变效果	
文本右对齐效果	
形状预设效果	
将图片进行顺序排列	
形状添加外部阴影	
设置图像大小	

6. 通过右键快捷菜单或功能区"格式"选项卡下"形状样式"组中的"▢"按键，调出"设置形状格式"对话框（如图 5-3 所示），还可进行更为丰富的功能设置，浏览并尝试其中的功能。按照下列图示选项对文本框进行设置，观察显示效果。

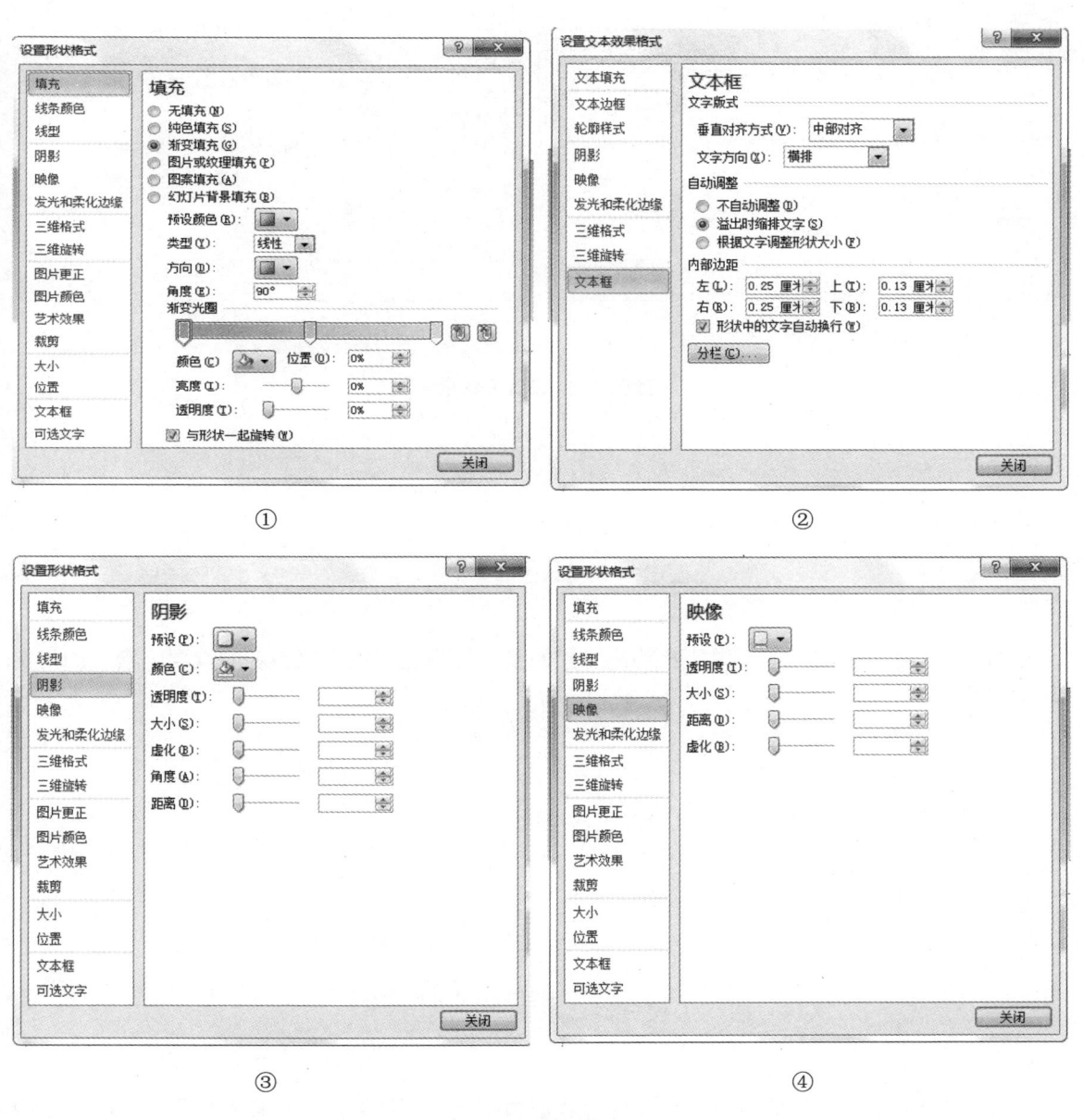

① ② ③ ④

图 5-3　设置形状格式

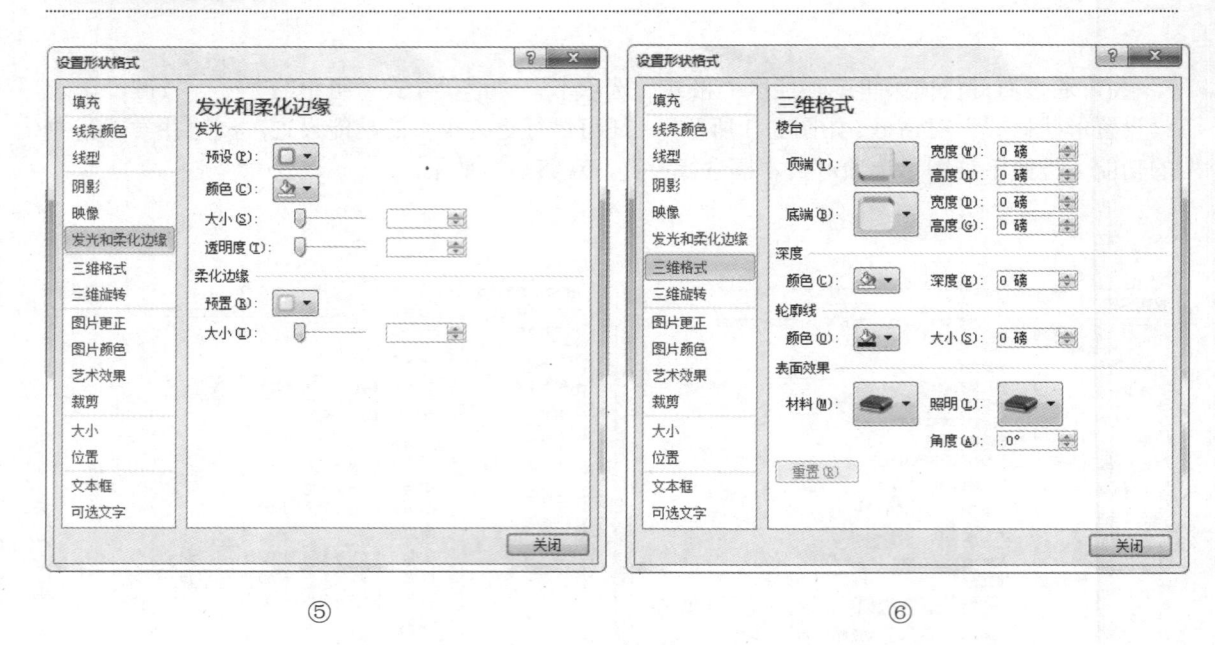

⑤　　　　　　　　　　　　　　　　⑥

续图 5-3　设置形状格式

7. 演示文稿中，文本、图片及其他元素的整齐排列也是使文稿美观的重要因素，如何实现对齐操作？

8. 演示文稿中图表的使用能充分说明数据的统计分析结果，结合实际操作，了解常用图标功能的类型、展示效果及其应用场合，将下表 5-5 补充完整。

表 5-5　常用图标功能的类型、展示效果及其应用场合

图标	
(饼图)	
(雷达图)	
(曲面图)	
(股价图)	
(气泡图)	
(散点图)	
(条形图)	
(圆环图)	
(柱形图)	
(折线图)	
(面积图)	

9. 演示文稿中组织结构图的合理运用能提升幻灯片整体的演示效果，PowerPoint 2010 提供了名为"SmartArt 图形"的预设结构图模板，可以方便地完成结构层次的图示。通过实际操作了解各个图形的功能，并说明下列需求适合用以下哪类 Smart Art 图形（如图 5-4 所示）。

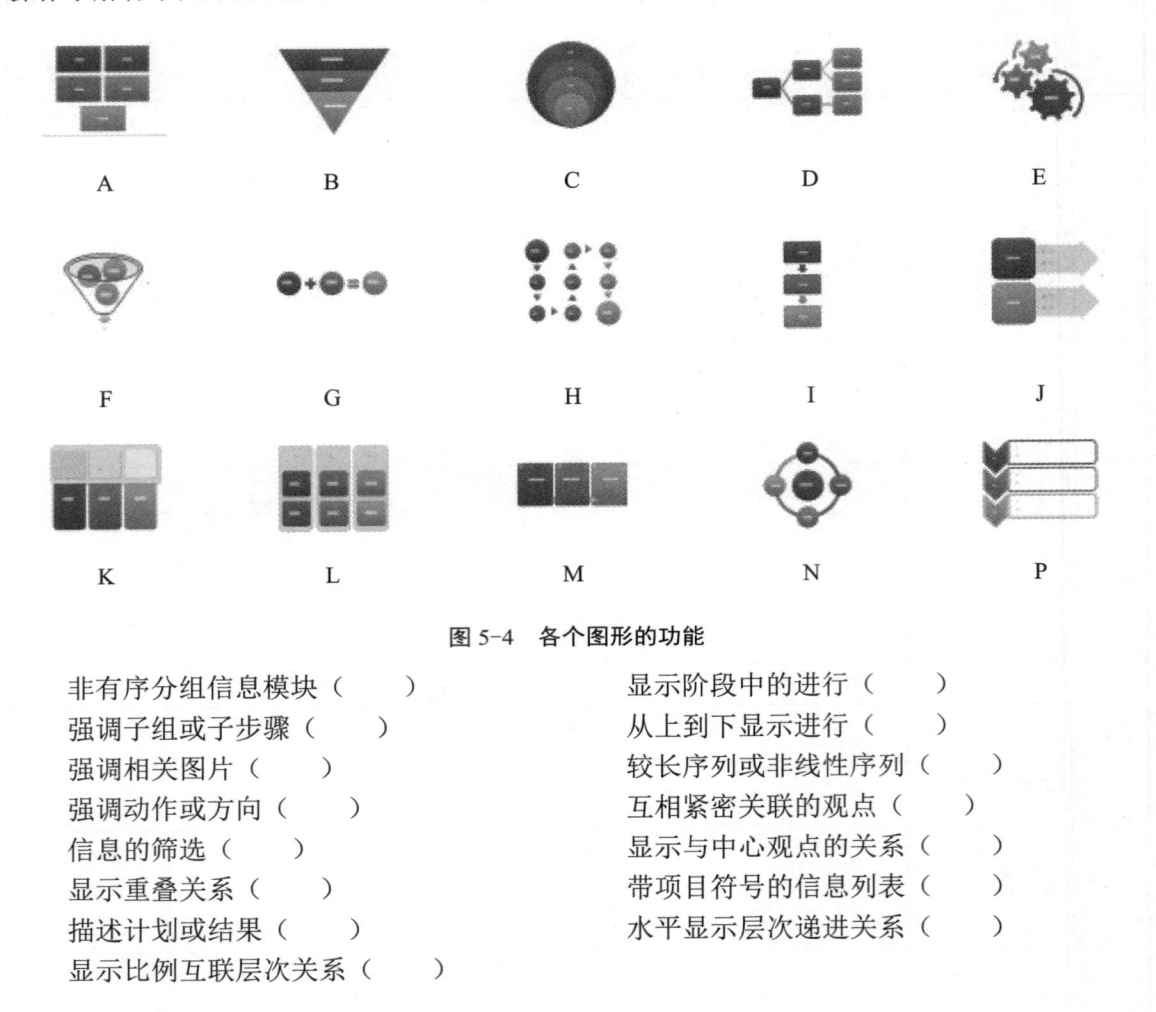

图 5-4 各个图形的功能

非有序分组信息模块（   ）　　　显示阶段中的进行（   ）
强调子组或子步骤（   ）　　　　从上到下显示进行（   ）
强调相关图片（   ）　　　　　　较长序列或非线性序列（   ）
强调动作或方向（   ）　　　　　互相紧密关联的观点（   ）
信息的筛选（   ）　　　　　　　显示与中心观点的关系（   ）
显示重叠关系（   ）　　　　　　带项目符号的信息列表（   ）
描述计划或结果（   ）　　　　　水平显示层次递进关系（   ）
显示比例互联层次关系（   ）

10. PowerPoint 2010 提供了丰富的动画效果，使幻灯片的播放效果更加丰富、生动。动画效果的设计在"动画"选项卡中完成，查看 PowerPoint 2010 提供的动画效果并实际操作尝试，为幻灯片选择合适的动画效果，记录下来（见表 5-6）。

图 5-5 动画效果

表 5-6　选择合适的动画效果

对象类型 （图片、文字、视频等）	动画类型 （进入、退出、动作路径等）	动画名称

对于各个元素动画效果的播放，一般都需要对开始、方向、速度等有所要求，如何进行这些设置？

11．在幻灯片制作中，常有相同的对象出现在每张幻灯片的相同位置上，这时使用母版功能可以方便地统一幻灯片的风格和表现效果。在"视图"选项卡中可以进入"母版视图"对母版进行设计修改（如图 5-6 所示）。查看帮助文件或通过互联网检索，并结合实际操作尝试，体会母版的功能。如需在某一版式下的各页幻灯片中，显示同一个图案标记，应如何操作？增加新的幻灯片应如何操作，如何选择其版式样式？

图 5-6　母版视图

12．对于播放时不同幻灯片的切换，PowerPoint 2010 也提供了丰富、华丽的切换效果，相关设置通过"切换"选项卡完成（如图 5-7 所示）。实际操作，体验各种切换方式的展示效果。如需不同页面采用不同的切换效果，应如何设置？能否实现某页幻灯片播放几秒后，自动切换到下一张？应如何操作？

◇◇ 办公文稿制作

图 5-7　灯片的切换效果

【小提示】

除了上面提到的几个要点外，PowerPoint 2010 还提供了更多丰富的编辑设计功能，在任务完成过程中，应注意多尝试不同的功能，并结合帮助文件或互联网检索学习使用，将经验和技巧整理记录下来。

13. 制作完成的幻灯片，可通过"幻灯片放映"选项卡下的相关命令进行播放，最为常用的是以下两种，尝试操作，将表格 5-7 补充完整。

表 5-7　选项功能与快捷键

图标	功能	快捷键

14. 以小组为单位，展示完成的演示文稿小任务，互相点评，指出其在页面设计、软件使用等方面的优缺点。

136

学习活动二　制订计划

【活动目标】

1. 能根据任务的目标和要求设计产品宣传演示文稿的格式、版式布局、页面设置等。
2. 能制订工作计划。

【建议学时】

4学时

【学习过程】

一、页面规格的确定

演示文稿的页面尺寸应根据显示设备（投影仪、显示屏等）的尺寸来决定，以达到最佳显示效果。调查了解本任务所制作的产品宣传演示文稿的显示设备情况，确定所使用的页面尺寸规格。如果演示文稿的尺寸规格与显示设备不一致，会呈现出什么样的播放效果？

二、模板风格的确定

1. 查询资料或通过互联网检索，从不同类型的演示文稿中（如教育类、培训类、会议类、科技类、管理类、主题班会类、公司宣传类、产品介绍类等）选择几类，查找质量较高的实例和相关指导性的文章，总结不同类型演示文稿的模板风格选择、设计的一般规律（见表5-8）。

表5-8　模板风格描述

类型	名称	设计风格描述

2．除了颜色的搭配、图案的设计，文字是演示文稿的重要组成部分，结合实例总结文字布局、字体字号的一般要求。

3．根据前面总结的经验，设计本任务模板的大体风格（包括配色、背景图、字体字号等），选取并配置合适的模板，记录下来。

【小提示】

通常演示文稿使用模板对文字和底色的配色有一定的要求。

白色底：一般选用黑色字、红色字或蓝色字。

深蓝色底：可配白色字或黄色字，尽量避免暗红色字。

黑色底：一般选用白色字或黄色字。

注意"三不"原则：

1．演示文稿中字体一般不超过3种。

2．演示文稿中色系一般不超过3种。

3．演示文稿中动画效果一般不超过3种。

三、页面表现形式设计

幻灯片的制作要注意文字、图片、图示以及其他素材的合理使用，为展现更好的演示效果，还可合理添加影音、动画等素材。幻灯片应用最多的是文字和图片，文字使用量不宜占据整篇页面，在编辑过程中应注意色彩搭配，文字、图片和背景颜色要尽量对比明显，要合理有效地运用 Smart Art 图形效果。

结合前面搜寻的实例，学习其页面设计上的亮点，结合任务素材，规划各个页面的主要内容、表现形式和大致布局，通过草图等形式记录下来，并初步规划动画、幻灯片切换等动态效果的应用。

【小提示】

演示文稿首页制作时，要注意选择能表达主题的图片等元素，首页中主标题与副标题字体、字号大小都有基本要求，字体颜色要与背景配色形成鲜明对比，副标题、制作人、日期、页码和网址的使用根据演示文稿的需求而定，不是所有幻灯片都需要这些项目。版式的布局也要根据任务需求来定，无论采用哪种布局版式，幻灯片的题目一定要在首页中清晰展现出来。

四、确定工作方案

根据任务描述，确定产品宣传演示文稿制作的目标和要求，综合前面的设计，确定工作方案（见表5-9）。

表5-9 工作方案

序号	项目	任务要求
1	首页	项目要求(主、副标题):
2	目录	结构要求(目录级别): Smart Art:
3	主要内容	字体要求: 格式要求: 主要内容 素材使用情况: Smart Art: 动画要求: 页数要求:
4	结束页	格式要求: Smart Art:

五、制订工作计划（见表 5-10）

表 5-10　工作计划

小组成员任务分工		工作职责
小组组长		小组成员工作安排及行动指挥
小组成员		搜集资料和资料整理、录入
		演示文稿首页设计
		页面基本内容排版
		动画和播放效果设计
		演示文稿测试、校对及修改
		成果展示及验收

备注：小组成员分工可由组长根据任务进度安排由一人或多人完成，组长应该保证小组的每一位成员在每个时间段均有工作任务，既要锻炼团队合作能力，又要让小组每位成员都能独立完成这项工作任务。

学习活动三　实施作业

【活动目标】

1. 能搜集整理产品宣传演示文稿数据资料并正确录入任务信息。
2. 能根据产品宣传演示文稿录入要求进行审核校对。
3. 能在产品宣传演示文稿中熟练运用图片、图示等元素。
4. 能运用格式工具对产品宣传演示文稿进行美化操作。
5. 能对产品宣传演示文稿进行放映方式的设置。

【建议学时】

12 学时

【学习过程】

一、整理素材

将制作产品宣传演示文稿所需的相关素材（包括文档、图片、视频、音频等资料）进行汇总整理，以备下一步制作使用，整理后列表梳理，以免遗漏。

二、创建及保存演示文稿

在 D 盘"办公文稿制作"文件夹中新建 PowerPoint 演示文稿文件，命名为"产品宣传.pptx"。

三、制作演示文稿页面

按照学习活动二所制订的计划，完成相关页面的制作。通常在实际制作过程中，会根据素材的实际情况对原有计划进行调整，随着页面制作，将调整方案简要记录下来。

【小提示】

制作过程中，可随时使用 shift+F5 快捷键播放当前页面，查看效果。

四、播放及修改完善

对照任务要求和工作计划核对已制作好的演示文档，完整播放，对发现的问题进行修改完善。

五、记录问题及解决方法

将以上操作过程中遇到的问题及相应的解决措施记录在下表 5-11 中。

表 5-11　遇到的问题及相应的解决措施

操作过程中遇到问题	具体解决措施

六、填写工作日志（见表 5-12）

表 5-12　工作日志

序号	日期	时间	具体工作内容	指导教师意见
1				
2				
3				
4				
5				
6				
7				
8				

学习活动四　质量检查与验收

【活动目标】

1. 能检验产品宣传演示文稿制作效果是否符合客户需求。
2. 能根据修改意见对产品宣传演示文稿进行修改。
3. 能按工作流程交付主管确认验收。

【建议学时】

4 学时

【学习过程】

一、质量检验

1. 文字录入的正确率直接影响演示文稿的制作质量，也直接影响任务的交付，根据客户需求完成产品宣传演示文稿信息的录入，各组间相互查阅并记录小组成员错误字数。

2．根据任务完成情况统计幻灯片制作情况并记录（见表 5-13）。

表 5-13　任务完成情况统计

序号	检查项目	根据完成情况在相应选项位置标识"√"
1	页数	共　　　页
2	图片使用	共　　　张
3	色彩搭配	共　　　种
4	模板添加	有□　　无□
5	动作设置	有□　　无□
6	其他素材使用情况	手动□　　自动□

3．根据用户需求对演示文稿进行自检，并根据项目要求完成任务质量检查表（见表 5-14）。

表 5-14　质量检查表

序号	检查项目	根据完成情况在相应选项位置标记	改进措施
1	文字正确率	□100%　　□100%以下	
2	图片、音乐、视频元素及 Smart Art 效果的运用	□运用了图片　□运用了图表 □运用了音频　□运用了自选图形 □运用了视频　□运用了剪贴画 □运用了动画　□运用了 Smart Art □图片使用特殊效果处理 □图片版式统一 □未使用图片及其他素材	
3	文本的设置	□文本设置填充效果 □文稿字体统一 □文本设置特殊效果 □字号设置标准 □使用艺术字 □文本对齐 □文稿中字体使用未超过三种 □文本颜色未超过三种 □文稿配色未超过三种	
4	动画效果的运用	□运用了自定义动画 □运用了自定义动作路径 □运用了动作设置 □未使用动画效果	
5	演示文稿放映方式的设置	□按要求设置 □全部自动放映 □未设置	

4. 演示文稿修改。根据检查情况,对于发现的问题及提出的改进措施进行修改,修改后再次核对直至完全符合要求。

二、交接验收

根据任务工作情境以角色扮演形式上台解说。展示演示文稿完成效果,逐项核对任务要求,完成交接验收,并根据解说和评价情况撰写验收表(见表 5-15)。

表 5-15 验收表

验收项目	项目验收要求	第一次验收	第二次验收
模板使用	能根据用户要求自行添加模板,模板使用符合主题要求	□通过 □未通过 整改措施:	□通过 □未通过
色彩配搭	主题明确,结构合理,色彩搭配合理均未超过三种色系	□通过 □未通过 整改措施:	□通过 □未通过
文本及素材	文本使用量合理,文本效果使用恰当其他素材使用准确,能充分说明文稿主题,整改措施:素材添加时已处理	□通过 □未通过 整改措施:	□通过 □未通过
演示效果	动作效果添加准确,放映流畅,能充分表达产品宣传主题要求	□通过 □未通过	□通过 □未通过
验收项目客户检查情况	□合格 □不合格 □较好,但有待改进	客户签字:	客户签字:

三、总结评价

在教师的指导下以自我评价、小组评价和教师评价三种方式对自己和他人在本学习任务中的表现进行客观评价(见表 5-16)。

表 5-16 考核评价表

班级			学号			姓名			
评价项目	评价标准			评价方式			权重	得分小计	总分
				自我评价	小组评价	教师评价			
职业素养与关键能力	1. 能规范执行安全操作规程； 2. 能自觉参与小组讨论，进行交流； 3. 积极主动，勤学好问； 4. 能清晰准确表达						40%		
专业能力	1. 能熟练操作 PowerPoint 2010 并正确录入信息； 2. 能熟练使用 PowerPoint 2010 对演示文稿进行编辑； 3. 能在演示文稿中熟练运用图片、图示等元素展示演示效果； 4. 能运用格式工具对产品宣传演示文稿进行美化操作； 5. 能对演示文稿进行放映方式的设置						60%		
综合等级			指导教师签名				日期		

考核评价表填写说明：

1．各项评价采用 10 分制，根据符合评价标准的程度进行客观的打分。

2．得分小计按以下公式计算：

得分小计=（自我评价×20%+小组评价×30%+教师评价×50%）×权重。

3．综合等级按以下四个级别标准进行填写：

A（9≤总分≤10）、B（7.5≤总分<9）、C（6≤总分<7.5）、D（总分<6）。

学习任务六　企业宣传文稿制作

【任务目标】

1. 能通过与客户和业务主管等相关人员的专业沟通明确工作任务，并准确概括、复述任务内容及要求。
2. 能合理制订工作计划。
3. 能搜集整理企业宣传演示文稿制作资料。
4. 能够解说和完成演示文稿的制作。
5. 能熟练运用图片、图表、视频等元素，能灵活运用自定义动画、动作按键等工具对演示文稿进行美化。
6. 能对企业宣传文稿进行放映方式的设置。
7. 能对文稿进行审核、校对。
8. 能填写工作日志，并完成质量检查及验收。

【建议学时】

24 学时

【工作情景描述】

某电子科技公司成立十周年，现需要网络管理员配合主管搜集整理公司运营数据等材料，制作企业宣传演示文稿，并向发包方汇报。汇报文稿要求运用 office 系列软件进行设计与制作。

网络管理员从主管处获取任务单，配合主管搜集整理公司相关材料，了解制作企业宣传文稿的细节要求，编制工作计划，导入文字、图片、表格、视频等素材，设置格式和效果，核对内容无误后，交付主管确认，填写工作日志。

【工作流程与活动】

　　学习活动一　明确任务和知识准备
　　学习活动二　制订计划
　　学习活动三　实施作业
　　学习活动四　质量检查与验收

学习活动一　明确任务和知识准备

【活动目标】

1. 能通过与客户和业务主管等相关人员的专业沟通明确工作任务，并准确概括、复述任务内容及要求。
2. 能熟练运用图片、图表、视频等元素，能灵活运用自定义动画、动作设置等工具对演示文稿进行美化。
3. 能对演示文稿进行放映方式的设置。

【建议学时】

6学时

【学习过程】

一、明确工作任务

1. 根据工作情境描述，模拟实际场景进行沟通交流，通过讨论列出演示文稿需要演示的内容及初始布局，并记录本任务客户需求的要点。

2. 根据客户需求，上网查询企业宣传演示文稿制作需要完成哪些项目。

二、文字的美化

完成如下操作任务：

制作演示文稿时，常需要对文本进行修饰，使页面更加美观。文本修饰包括字体设置和特殊效果的添加，在上一任务中所学基本设置的基础上，通过不同效果的叠加组合，就能实现多种多样的美化效果。按照以下说明实际操作，观察效果，并选择正确的结果编号填在空格中。

（　　）输入"效果"，设置字体为"幼圆"，添加深红色轮廓并添加发光效果。

（　　）输入"效果"，设置字体为"隶书"并加粗，效果设置为绿色、"幼圆"式棱台、三维旋转"等轴右上"特效、"向上偏移"阴影效果。

（　　）输入"效果"，设置字体为"楷体"，选择"花岗岩"纹理填充。

（　　）输入"效果"，设置字体为"华文彩云"，添加"停止"转换效果。

（　　）输入"效果"，设置字体为"黑体"，选择"紧密映像接触"效果。

① ② ③ ④ ⑤

图 6-1　文字的美化效果

三、流程图的制作

完成如下操作任务：

1. 自选图形在演示文稿制作过程中也能起到修饰作用，合理使用自选图形可以直观地展示要表达的内容，查看 PowerPoint 2010 中预设的各种自选图形，讨论其可以表示的含义，并将以下自选图形与对应的含义连线（如图 6-2 所示）。

提示　　　　　标注　　　　　禁止　　　　　导向

图 6-2　各种自选图形

2. 通过讨论和上网查询，了解使用频率较高的流程图标，记录其功能（见表 6-1）。

表 6-1　用频率较高的流程图标及其功能

序号	功能	流程图标

3. 利用上述流程图图标，讨论并绘制工程竣工演示文稿制作的工作流程图。

四、动画播放效果的设置

在动画效果的使用过程中，为达到满意的表现效果，除了基本样式的选择外，常常还需要对其触发方式、触发时机、音效等进行设置。这些设置指令可通过"动画"选项卡下的"动画窗格"命令进行设置（如图 6-3 所示）。

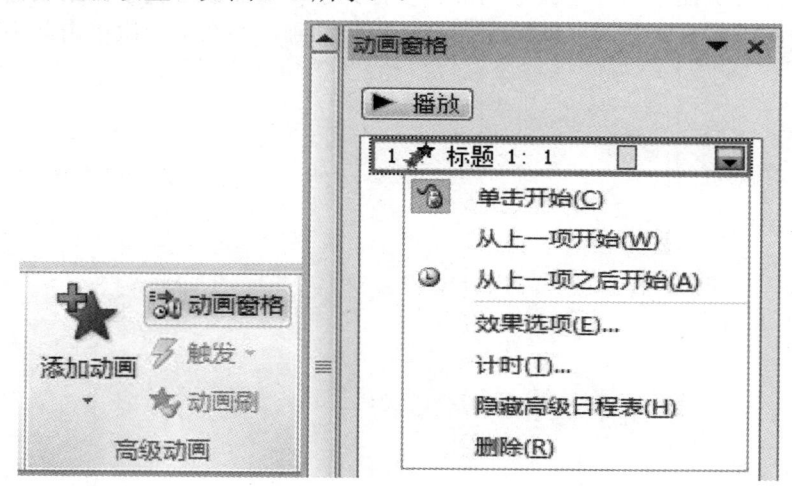

图 6-3　动画窗格

1. 某张幻灯片中有几张图片需要在鼠标单击后自动依次从屏幕中心出现，应如何设置？

◇◇ 办公文稿制作

2. 按照以下对话框的内容完成设置，观察动画效果（如图 6-4 所示）。

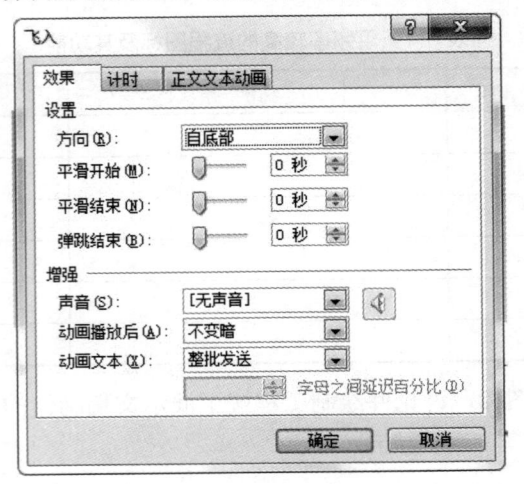

图 6-4 完成设置，观察动画效果

3. 某张幻灯片页面中有一个圆形图形和一行文字，如需该行文字在用鼠标单击圆形图形后延迟 2s 开始从屏幕右侧飞入，以慢速（3s）播放该动画，并在下一次单击前不断复该动作，应如何设置？

五、图表的使用

为了更直观地展现一些数据，图表的使用是必不可少的。根据下表 6-2 完成图表的制作练习，并根据图示补全操作步骤。

表 6-2　完成图表的制作练习，并根据图示补全操作步骤

步骤	图示
1. 图表添加 在演示文稿空白处单击鼠标，单击功能区_____选项卡，单击_____组中的_____按键，在打开的窗口中双击_____中的_____	（柱状图：系列1、系列2、系列3，类别1～类别4）
2. 图表数据的编辑 在打开的Excel 2010中编辑数据若Excel 2010未自动打开，可在插入的柱状图上单击鼠标右键选择_____。尝试实际操作并对比，根据右侧柱状图反推：D1单元格为_____，A2单元格为_____，C3为单元格为_____，D5单元格为_____，B4单元格为_____ A：地理　　B：政治 C：历史　　D：张三 E：于六　　F：100 G：97　　　H：95	（右键菜单及柱状图：张三、李四、王五、于六；政治、地理、历史、德育）

151

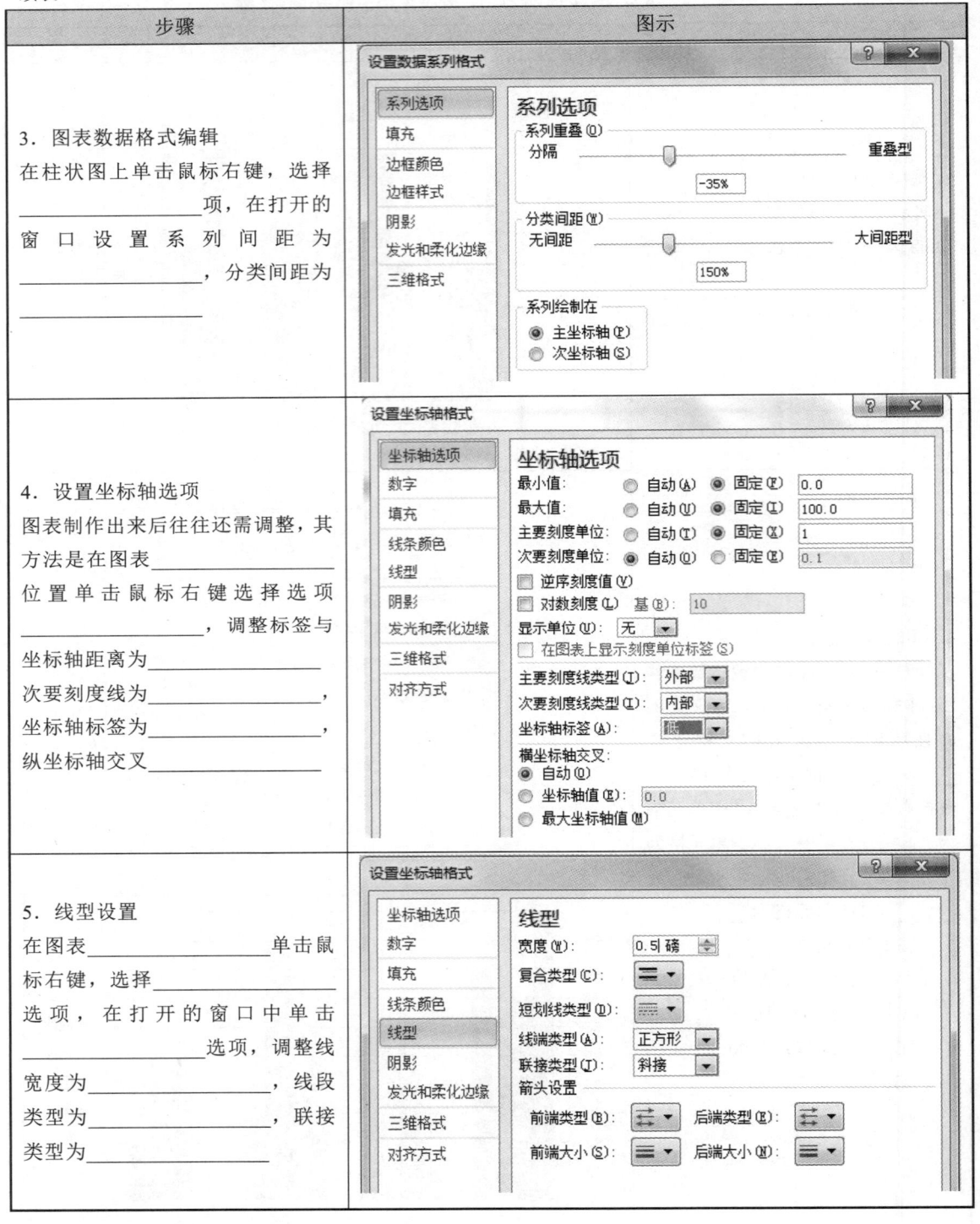

续表

步骤	图示
3．图表数据格式编辑 在柱状图上单击鼠标右键，选择_____项，在打开的窗口设置系列间距为_____，分类间距为_____。	（设置数据系列格式对话框）
4．设置坐标轴选项 图表制作出来后往往还需调整，其方法是在图表_____位置单击鼠标右键选择选项_____，调整标签与坐标轴距离为_____，次要刻度线为_____，坐标轴标签为_____，纵坐标轴交叉_____。	（设置坐标轴格式对话框）
5．线型设置 在图表_____单击鼠标右键，选择_____选项，在打开的窗口中单击_____选项，调整线宽度为_____，线段类型为_____，联接类型为_____。	（设置坐标轴格式—线型对话框）

六、超链接的使用

在演示文稿制作过程中会经常使用外部的视频、动画、网页等元素来提升演示文稿的说明效果，这就要用到超链接功能（如图 6-5 所示）。

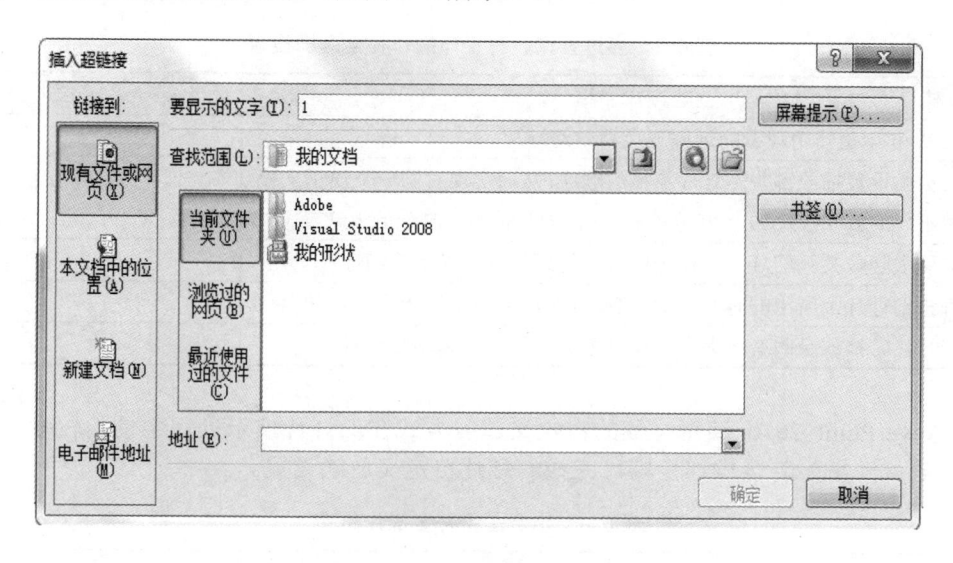

图 6-5 超链接功能

查询帮助文件或通过互联网搜索，了解超链接的用法，回答引导问题，并完成以下任务。

1. 将计算机 E 盘根目录下的"视频.mp4"，文件链接到演示文稿中，在演示文稿页面上显示为文字"视频"。

2. 在上面"超链接图示"中的相应位置记录"显示的文字""查找范围""地址"等信息。

（1）当超链接对象设为与演示文稿文件同一文件夹下的某视频文件时，若将该文件夹剪切到了其他位置，超链接还是否有效？什么情况下有效，什么情况下无效？

（2）在演示文稿中，如需设置一个目录页，并且通过单击目录列表中的内容跳转到相应的页面中去，应如何实现？

七、放映方式的设置

1. 合理地设置放映方式能满足不同场合、不同目的的播放需求。通过查询、讨论与操作补全下表 6-3，并完成演示文稿放映方式的选择。

表 6-3 通过查询、讨论与操作补全选项设置

放映方式介绍	选项
向可以在 Web 浏览器中观看的远程观众播放幻灯片	
根据需要自由设置播放哪些幻灯片及播放顺序，从而实现对同一个演示文稿进行多种不同的放映，例如，30 分钟和 60 分钟两种不同时长的放映	
在演示文稿中隐藏某页幻灯片，在全屏放映幻灯片时不显示该幻灯片	
记录在每张幻灯片上所用的时间，保存这些计时以便将其用于设置自动运行	
在放映幻灯片时播放录制音频旁白、激光笔势、幻灯片和动画计时	

2. PowerPoint 2010 演示文稿的自定义放映方式在幻灯片演示过程中使用较多，通过操作，结合表 6-4 图示补全操作步骤，完成幻灯片自定义放映设置。

表 6-4 结合图示补全操作步骤

步骤	图示
1. 单击功能区幻灯片放映选项卡下"开始放映幻灯片"组中的_____，打开自定义放映窗口，单击_____按键	
2. 在打开的窗口中单击_____，然后单击_____ 同样方法添加_____、_____	

续表

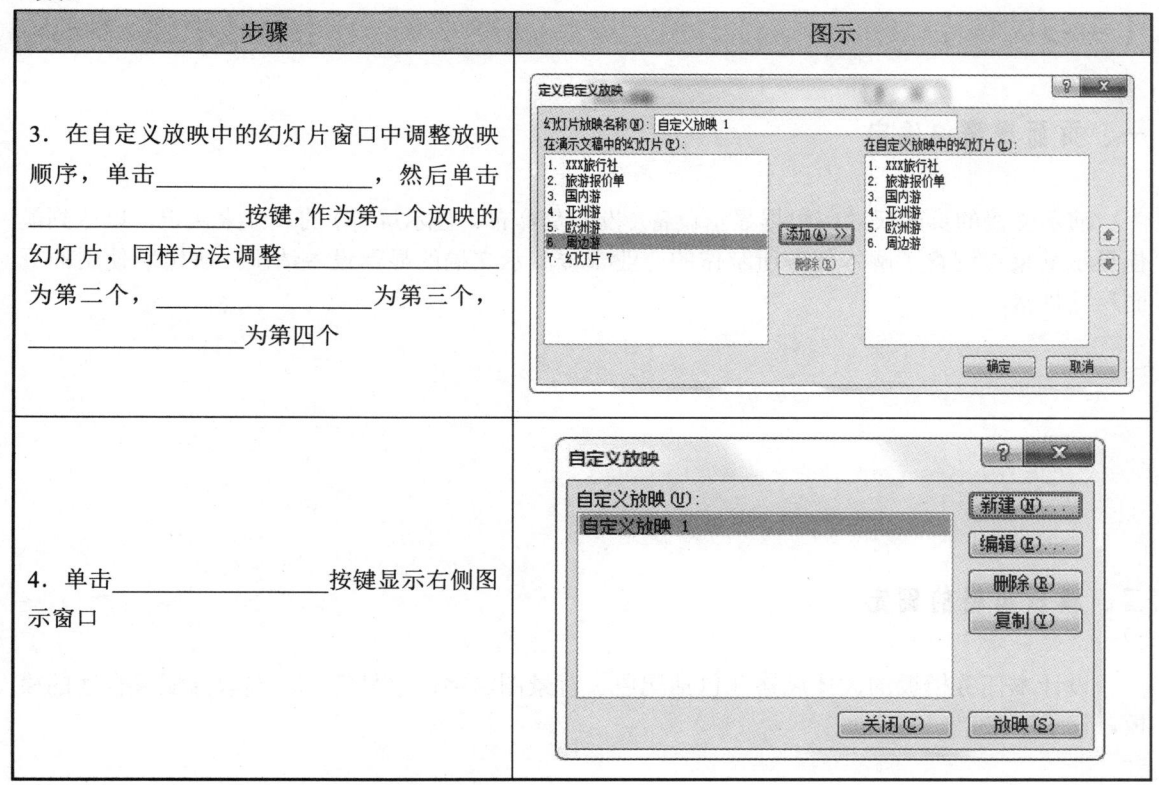

步骤	图示
3. 在自定义放映中的幻灯片窗口中调整放映顺序，单击_____，然后单击_____按键，作为第一个放映的幻灯片，同样方法调整_____为第二个，_____为第三个，_____为第四个	
4. 单击_____按键显示右侧图示窗口	

学习活动二　制订计划

【活动目标】

1. 能根据企业宣传文稿制作任务的目标和要求对演示文稿进行设计。
2. 能制订工作计划。

【建议学时】

4学时

【学习过程】

一、页面规格的确定

演示文稿的页面尺寸应根据显示设备（投影及幕布、显示屏等）的尺寸来决定，以达到最佳显示效果。调查了解本任务所制作的企业宣传演示文稿的显示设备情况，确定所使用的页面尺寸规格。

二、模板风格的确定

设计本任务模板的大体风格（包括配色、背景图、字体字号等），选取并配置合适的模板，记录下来。

三、页面表现形式设计

搜寻演示文稿实例，学习其页面设计上的亮点，结合任务素材，规划各个页面的主要内容、表现形式和大致布局，通过草图等形式记录下来，并初步规划动画、幻灯片切换等动态效果的应用。注意综合应用各类高级设置功能。

四、确定工作方案

根据任务描述，确定企业宣传演示文稿制作目标和要求，综合前面的设计，确定工作方案。根据内容，自行设计工作方案的记录形式，注意应包括各个页面的主要内容、格式要求、表现形式、应用元素和所用动画特效等。

五、制订工作计划（见表 6-5）

表 6-5 制订工作计划

小组成员任务分工		工作职责
小组组长		小组成员工作安排及行动指挥
小组成员		搜集、整理资料及录入
		演示文稿模板选择与设计
		页面基本内容排版
		动画和播放效果设计
		演示文稿测试、校对及修改
		成果展示及验收

备注：小组成员分工可由组长根据任务进度安排由一人或多人完成，组长应该保证小组内的每一位成员在每个时间段均有工作任务，既要锻炼团队合作能力，又要让小组中每位成员都能独立完成这项工作任务。

学习活动三　实施作业

【活动目标】

1. 能搜集整理企业宣传演示文稿制作资料。
2. 能根据企业宣传演示文稿录入要求进行审核校对。
3. 能在企业宣传演示文稿中熟练运用图表、视频、动画等。
4. 能运用自定义动画对企业宣传演示文稿进行动作设置操作。
5. 能对企业宣传演示文稿进行放映方式的设置。

【建议学时】

10 学时

【学习过程】

一、整理素材

将制作企业宣传演示文稿所需的相关素材（包括文档、图片、视频、音频等资料）进行汇总整理，以备下一步制作使用，整理后列表梳理，以免遗漏。

二、创建及保存演示文稿

在 D 盘"演示文稿制作"文件夹中新建 PowerPoint 演示文稿文件，命名为"企业宣传.pptx"。

三、制作演示文稿页面

按照学习活动二所制订的计划，完成相关页面的制作。通常在实际制作过程中，会根据素材的实际情况对原有计划进行调整，随着页面制作，将调整方案简要记录下来。

四、播放及修改完善

对照任务要求和工作计划核对已制作好的演示文档，完整播放，对发现的问题进行修改完善。

五、记录问题及解决方法

将以上操作过程中遇到的问题及相应的解决措施记录在下表 6-6 中。

表 6-6　遇到的问题及相应的解决措施

操作过程中遇到问题	具体解决措施

六、填写工作日志（见表 6-7）

表 6-7　工作日志

序号	日期	时间	具体工作内容	指导教师意见
1				
2				
3				
4				
5				
6				
7				
8				

学习活动四　质量检查与验收

【活动目标】

1. 能检验企业宣传演示文稿制作效果是否符合客户需求。
2. 能根据修改意见对企业宣传演示文稿进行修改。
3. 能按工作流程交付主管确认验收。

【建议学时】

4学时

【学习过程】

一、质量检查

1. 根据任务内容要求和企业宣传文稿内容，核对演示文稿基本信息是否录入正确、表达准确，如发现录入错误或含义表达错误之处，记录下来并将其改正。

2. 根据用户需求统计幻灯片制作情况并记录下来（见表6-8）。

表6-8　幻灯片制作情况

项目	完成情况
页数	共　　　页
图片使用	共　　　张
色彩搭配	共　　　种
模板添加	有□　　无□
自定义动画设置	有□　　无□
放映方式	手动□　　自动□
其他素材使用情况	

3. 根据用户需求对演示文稿进行自检,并根据项目要求完成任务质量检查表(见表6-9)。

表 6-9　质量检查表

序号	检查项目	根据完成情况在相应选项位置标记	改进措施
1	文字正确率	□100%　　□100%以下	
2	图片、音乐、视频元素及Smart Art效果的运用	□运用了图片 □运用了图表 □运用了音频 □运用了自选图形 □运用了视频 □运用了剪贴画 □运用了动画 □运用了 Smart An □图片使用特殊效果处理 □图片版式统一 □未使用图片及其他素材	
3	文本的设置	□文本设置填充效果 □文稿字体统一 □文本设置特殊效果 □字号设置标准 □使用艺术字 □文本对齐 □文稿中字体使用未超过三种 □文本颜色未超过三种 □文稿配色未超过三种	
4	动画效果的运用	□运用了自定义动画 □运用了自定义动作路径 □运用了动作设置 □未使用动画效果	
5	演示文稿放映方式的设置	□按要求设置 □全部自动放映 □未设置	

4. 演示文稿修改。根据检查情况,对于发现的问题及提出的改进措施进行修改,修改后再次核对直至完全符合要求。

二、交接验收

根据任务工作情境描述展示演示文稿完成效果，逐项核对任务要求，完成交接验收，填写验收表（见表6-10）。

表6-10 验收表

验收项目	验收要求	第一次验收	第二次验收
模板使用	能根据用户要求自行添加模板，模板使用符合主题要求	□通过 □未通过 整改措施：	□通过 □未通过
色彩搭配	主题明确，结构合理，色彩搭配合理均未超过三种色系	□通过 □未通过 整改措施：	□通过 □未通过
数据说明	使用图表、表格及视频等数据形式以充分分析企业发展，并制作演示文稿	□通过 □未通过 整改措施：	□通过 □未通过
文本及素材	文本使用量合理，文本效果使用恰当。其他素材使用准确，能充分说明文稿主题，整改措施，素材添加时已处理	□通过 □未通过 整改措施：	□通过 □未通过
演示效果	动作效果添加准确，放映流畅，能充分表达企业宣传主题要求	□通过 □未通过 整改措施：	□通过 □未通过
验收项目客户检查情况	□合格 □不合格 □较好，但有待改进	客户签字：	客户签字：

三、总结评价

在教师的指导下以自我评价、小组评价和教师评价三种方式对自己和他人在本学习任务中的表现进行客观评价（见表 6-11）。

表 6-11 考核评价表

班级		学号			姓名		
评价项目	评价标准	评价方式			权重	得分小计	总分
		自我评价	小组评价	教师评价			
职业素养与关键能力	1．能规范执行安全操作规程； 2．能自觉参与小组讨论，进行交流； 3．积极主动，勤学好问； 4．能清晰准确表达				40%		
专业能力	1．能在演示文稿中熟练运用图片、图表、视频等元素展示演示效果； 2．能运用格式工具对企业宣传演示文稿进行美化操作； 3．能运用自定义动画、动作设置等工具对演示文稿进行播放方式设置； 4．能对演示文稿进行放映方式的设置				60%		
综合等级		指导教师签名			日期		

考核评价表填写说明：

1．各项评价采用 10 分制，根据符合评价标准的程度进行客观的打分。
2．得分小计按以下公式计算：
得分小计=（自我评价×20%+小组评价×30%+教师评价×50%）×权重。
3．综合等级按以下四个级别标准进行填写：
A（9≤总分≤10）、B（7.5≤总分<9）、C（6≤总分<7.5）、D（总分<6）。